_____ 님의 소중한 미래를 위해
이 책을 드립니다.

카뮈의 인생 수업

부조리한 세계를 사랑하는 법

카뮈의 인생 수업

알베르 카뮈 지음 | 정영훈 엮음 | 이선미 옮김

메이트북스

메이트북스 우리는 책이 독자를 위한 것임을 잊지 않는다.
우리는 독자의 꿈을 사랑하고,
그 꿈이 실현될 수 있는 도구를 세상에 내놓는다.

카뮈의 인생 수업

초판 1쇄 발행 2025년 12월 10일 | **지은이** 알베르 카뮈 | **엮은이** 정영훈 | **옮긴이** 이선미
펴낸곳 (주)원앤원콘텐츠그룹 | **펴낸이** 강현규·정영훈
등록번호 제301-2006-001호 | **등록일자** 2013년 5월 24일
주소 04607 서울시 중구 다산로 139 랜더스빌딩 5층 | **전화** (02)2234-7117
팩스 (02)2234-1086 | **홈페이지** matebooks.co.kr | **이메일** khg0109@hanmail.net
값 14,000원 | **ISBN** 979-11-6002-976-5 03100

잘못 만들어진 책은 구입하신 서점에서 교환해 드립니다.
이 책을 무단 복사·복제·전재하는 것은 저작권법에 저촉됩니다.

"카뮈는 한 인간이었다.
가장 복잡하면서도 가장 풍요로운 인간."
• 장폴 사르트르(Jean-Paul Sartre) •

"카뮈야말로
우리의 가장 대담한 희망을 일으킨 사람이다."
• 앙드레 지드(André Gide) •

엮은이의 말

불안의 시대를 사는 우리에게, 카뮈가 건네는 위로

21세기에 더욱 각광받는 카뮈의 실존 철학

알베르 카뮈는 20세기의 혼란을 살았지만, 그의 언어는 여전히 오늘을 사는 우리에게 살아 있는 지혜로 다가옵니다. 그의 문장은 단순히 한 세기의 기록이 아니라, 인간이 끝없이 마주하는 근본적 질문에 대한 응답입니다.

세계는 왜 무의미하게 보이는가? 인간은 무엇을 붙잡고 살아야 하는가? 고통과 죽음은 어떻게 받아들여야 하는가? 카뮈는 이 질문들을 회피하지 않았습니다. 오히려 정직하게 끝까지 밀어붙였고, 그로 인해 그의 사유는 낡지 않았습니다. 오히려 21세기의 독자에게 더 절실하게 다가옵니다.

카뮈는 소설가이자 사상가였습니다. 『이방인』의 무심한 태도, 『페스트』의 공동체적 연대, 『전락』의 참회와 고백은 그 자체로 철학적 텍스트입니다. 동시에 『시지프 신화』와 『반항하는 인간』은 철학서임에도 삶의 감각으로 가득 차 있습니다. 그가 철학의 계보에 이름을 올린 이유는, 학문적 체계를 쌓기 위해서가 아니라 살아 있는 인간의 언어로 진리를 말했기 때문입니다. 그의 철학은 머리로 이해하는 것이 아니라, 가슴으로 느끼고 삶으로 체험해야 하는 것입니다. 이 점이 그를 여전히 살아 있는 고전으로 만드는 힘입니다.

카뮈 철학의 매력은 절망을 말하면서도 우리를 절망에 묶어 두지 않는 데 있습니다. 그는 세계가 본질적으로 부조리하다는 사실을 회피하지 않았습니다. 그러나 바로 그것을 정직하게 받아들임으로써 인간은 오히려 더 강해질 수 있다고 말했습니다. 부조리를 껴안는 순간, 삶은 투명해지고 지금 여기의 빛과 감각이 새롭게 드러납니다. 카뮈에게 행복은 어떤 미래의 보상이 아니라, 햇빛을 느끼는 단순한 경험 속에 있었습니다. 그는 죽음을 두려움 없이 직시했지만, 그럼에도 삶을 사랑했습니다. 아니, 죽음을 직시했기에 더욱 삶을 노래할 수 있었던 것입니다.

이 편역서가 가진 특별한 장점들

이번 편역서는 발췌의 폭을 넓히는 동시에, 사상의 흐름을 체계적으로 조직하는 데 집중했습니다. 먼저, 『시지프 신화』『이방인』,『페스트』와 같은 대표작과 부조리 이후의 윤리를 다룬 『반항하는 인간』뿐만 아니라, 카뮈의 내면적 성찰이 담긴 『작가수첩』과 알제리의 자연에 대한 긍정을 담은 에세이집『여름』을 중심에 두어 그의 문장을 날것 그대로 경험할 수 있도록 했습니다. 나아가『전락』과 희곡『칼리굴라』,『정의의 사람들』등 그의 모든 주요 문학 및 철학 저술에서 핵심적인 단상들을 발췌해 소설과 에세이, 철학적 성찰을 아우르는 카뮈 사유의 전체 윤곽을 입체적으로 펼쳐 보이고자 했습니다.

더 중요한 작업은 내용의 깊이와 밀도를 극대화하는 것을 넘어, 카뮈 사유의 모든 파편에 새로운 논리적 체계를 부여하는 것이었습니다. 카뮈의 문장들은 수많은 저작에 파편적으로 흩어져 있어 독자들이 그 거대한 사상의 흐름을 한눈에 파악하기 어렵습니다.

이 책은 단순한 발췌본이 아닙니다. 이 책은 카뮈 철학의 논리적 발전 단계인 '부조리 인식 → 실존적 자유 쟁취 → 고독과 반항 → 연대와 사랑'이라는 6단계의 서사 구조를 책 전체의 뼈대로 삼았습니다. 나아가, 서로 다른 원전에서 발췌되었지만 핵심 메시지가 중복되는 칼럼들을 고도의 전문 편집 작업을 통해 과감히 통합하고 압축했습니다. 중복을 제거하고 논리적 연결을 명확히 함으로써, 문장 하나하나의 밀도를 극대화하고 독자를 강력하게 그의 사유 속으로 안내할 수 있게 되었습니다.

이 책은 단순한 아름다운 문장 모음집이 아닙니다. 이 책은 가장 깊이 있는 철학적 분석과 가장 정교한 편집 기획이 결합된 결과물임을 자부합니다.

독자들은 이 '고도의 전문 편집 기획을 통한 논리적 재구축'의 결과로, 카뮈의 사상을 '퍼즐 맞추기'처럼 스스로 재조합할 필요 없이 '잘 지어진 건축물'처럼 순서대로 따라가며 가장 강력하고 명료하게 체득할 수 있습니다. 카뮈에 대한 전문 지식이 없는 독자들도 명확한 논리적 구조 덕분에 그의 철학을 가장 쉽게 이해하고, 나아가 『시지프 신화』나 『반항하는 인간』 같은 원전을 읽을 수 있는 훌륭한 기반 지식을 얻게 될 것입니다. 결론적으로, 이 편역서는 독자들에게 카뮈 사상의 '가장 강력하고 명쾌한 논리적 정수'를 제공하여, 시중의 어떤 편역서와도 차별화되는 최고의 안내서가 될 것입니다.

이 편역서는 카뮈 사상의 핵심을 여섯 개의 장으로 치밀하게 엮었습니다. 이 여섯 장은 부조리의 인식에서부터 연대와 사랑으로 나아가는 카뮈 철학의 논리적 여정을 그대로 따라갑니다.

'1장 삶이 부조리하다는 것을 가장 먼저 깨달아야 한다'는 인간이 마주한 세계가 아무런 답을 주지 않는 사실, 곧 부조리의 침묵을 인식하는 데서 출발합니다. 『시지프 신화』에서 카뮈가 말했듯, 인간은 "왜 살아야 하는가"라는 물음에 답하지 않는 세계 앞에서 부조리를 자각합니다.

'2장 부조리를 온전히 수용해 실존적 자유를 쟁취하라'는 인식된 부조리를 회피하거나 초월하려 하지 않고 정면으로 받아들이는 태도를 다룹니다. 바로 그 수용의 순간, 인간은 실존적 자유를 얻게 되고, 자기 운명 앞에서 굴복하지 않겠다는 반항의 결단을 시작합니다.

'3장 고통과 죽음까지도 인내하며 존엄을 발견하라'는 이러한 부조리가 추상적 개념이 아니라, 고통과 죽음이라는 피할 수 없는 한계 속에서 누구도 부정할 수 없는 현실임을 보여줍니다. 『이방인』의 뫼르소가 감옥에서 죽음을 앞두고 경험하는 절대적 고독 속에서 인간의 존엄이 발견됩니다.

'4장 고독 속에 홀로 서서 주체적인 반항을 시작하라'는 이 반항이 홀로 고독 속에서 이루어지는 주체적인 결단임을 밝힙니다. 『반항하는 인간』에서 카뮈가 정의한 반항, 곧 "나는 운명에 굴복하지 않겠다"는 존엄의 선언이 여기서 드러납니다.

'5장 태양과 바람처럼 삶의 모든 순간을 긍정하라'는 이러한 반항이 단순한 부정을 넘어, 오히려 삶 자체를 긍정하는 열정으로 이어짐을 보여줍니다. 『시지프 신화』의 마지막 문장이 선언하듯, 시지프는 행복해야 합니다. 태양과 바다, 대지 같은 자연은 '지금-여기'의 삶을 밀어올리는 충만의 원천이며, 인간은 바로 그 현재를 열정적으로 긍정해야 합니다.

'6장 개인적 반항을 넘어 타인과 연대하며 사랑하라'는 고독 속의 반항이 더 이상 개인에 머물지 않고, 같은 조건 속에 살아가는 타인에게로 확장되는 과정을 다룹니다. 『페스트』의 리외와 타루가 보여주듯, 모든 인간이 부조리 속의 동지라는 자각은 타인의 고통에 대한 공감으로 이어지고, 연대와 사랑 속에서 비로소 인간다운 삶이 완성됩니다.

카뮈를 알면 우리 삶의 비밀이 보입니다

이 책은 카뮈의 목소리를 무겁지 않게, 그러나 가볍지도 않게 전달하려 합니다. 철학적 명제처럼 딱딱하지 않고, 문학적 수사처럼 장식적이지 않은 언어로 문장을 편집했습니다. 그래서 이 책은 철학서이면서 동시에 문학서로 읽힐 것입니다. 무엇보다도, 삶에 지친 독자에게 잠시 멈추어 서서 자기 삶을 또렷하게 바라보게 하는 작은 거울이 되기를 바랍니다.

카뮈는 말했습니다. "삶을 느낀다는 것 자체가 행복이다." 그에게 자유는 부정의 산물이 아니라 책임을 감당하는 데서 태어났고, 사랑은 인간이 삶을 받아들이는 가장 깊은 방식이었으며,

연대는 인간됨의 증거였습니다. 모든 것은 죽음을 피하지 않고 마주 보는 데서 비롯되었습니다. 그의 철학은 인간의 존엄을 끝까지 지켜내려는 투쟁의 기록입니다.

오늘 우리는 다시 그의 문장 앞에 서 있습니다. 전쟁과 불평등, 팬데믹과 기후 위기 속에서 카뮈의 목소리는 더욱 절실합니다. 삶을 외면하지 않고, 고통을 부정하지 않으며, 그 속에서도 빛을 놓치지 않으려 했던 그의 태도는 여전히 우리가 걸어야 할 가장 인간적인 길을 가리킵니다.

이 책을 펼치는 모든 독자가 카뮈의 문장을 통해 삶을 더 명징하게 바라보는 힘을 얻기를 바랍니다. 그것이야말로 카뮈가 오늘 우리에게 남긴 가장 큰 위로이자, 끝내 지워지지 않을 유산일 것입니다.

엮은이 정영훈

Albert Camus

이 책을 읽는 독자에게

카뮈 철학의 11가지 핵심 열쇠

- 부조리(不條理, Absurde): 단순히 '모순'이 아닌, '세계의 무의미함과 인간의 의미 갈망 사이의 불화'라는 철학적 개념을 명확히 합니다.
- 실존(實存, Existence): '현실에 실제로 존재함'을 넘어, '주체적인 존재의 방식'이라는 철학적 개념을 명확히 합니다.
- 반항(反抗, Révolte): 운명에 굴복하지 않고 인간의 존엄을 지키는 윤리적 결단을 의미합니다.
- 명료(明瞭, Lucidité): '분명함'을 넘어, '부조리한 현실을 회피 없이 직시하는 의식의 상태'라는 카뮈 철학의 핵심 태도를 강조합니다.
- 순수(純粹, Pureté): 단순한 '깨끗함'이 아닌, '모든 기만과 거짓된 희망을 제거한 명료한 상태'라는 의미를 강조합니다.
- 충실(忠實, Fidélité): '성실함'을 넘어, '현재의 삶과 운명에 대한 변함없는 긍정'이라는 실존적 태도를 강조합니다.
- 양의 삶(量의 삶, Vie de quantité): '더 잘 사는 것(질)'이 아닌, '더 많이 경험하며 사는 것(양)'이 부조리 속에서 획득하는 유일한 자유이자 가치 있는 삶의 방식임을 강조합니다.

- 대지(大地, La Terre): 자연, 태양, 바위, 바다로 대표되는 현세적이고 감각적인 세계를 의미합니다. 초월적 구원을 거부하고, 인간이 궁극적인 충실성을 바쳐야 할 유일한 대상입니다.
- 연대(連帶, Solidarité): 단순히 '도와줌'이 아닌, '운명 공동체로서 함께함'이라는 윤리적 결단을 강조합니다.
- 한계(限界, Mesure): 타인의 존엄을 침해하지 않는 윤리적 경계를 의미합니다. 폭력적 혁명과 전체주의에 반대하며 인간적 가치를 지키는 실천적 덕목입니다.
- 호소 없이(Sans appel): 신이나 절대적 가치에 구원을 요청하거나 희망을 기대하지 않는 태도를 의미합니다. 부조리를 온전히 수용하고 스스로 삶의 가치를 창조하는 실존적 자유의 핵심입니다.

Contents

엮은이의말 _ 불안의 시대를 사는 우리에게, 카뮈가 건네는 위로   6
이 책을 읽는 독자에게_ 카뮈 철학의 11가지 핵심 열쇠   14

1 | 삶이 부조리하다는 것을 가장 먼저 깨달아야 한다

'나는 누구인가'라는 물음이 삶을 이끌어가는 힘이다   27
인생이 살 만한 가치가 있는지 물어야 한다   28
우리는 명확함을 원하지만 세계는 침묵으로 답한다   29
인간과 삶 사이의 간극이 부조리의 감정이다   30
타인의 눈빛은 나를 외부인으로 만든다   31
삶의 의미는 없지만 사는 것 자체는 의미 있다   32
삶의 의미 없음을 깨닫는 것이 시작이다   33
부조리의 얼굴인 죽음이 삶의 절박함을 만든다   34
희망 잃은 자의 벽 없는 감옥   35
가장 위험한 것은 영원한 삶의 환상이다   36
깊은 침묵만이 모든 것에 답할 뿐이다   37
역할 뒤 공허함을 알면서 연기하는 용기   38
덧없는 순간 속에 영원함을 응축하다   39
사랑을 포함한 모든 것, 아무것도 붙잡지 마라   40
진실은 답이 아닌 불확실한 탐구 속에 있다   41
고통을 인정할 때 비로소 사유가 시작된다   42
부조리의 인식이야말로 해방의 시작이다   43
무대의 막이 내린 뒤 빈 객석만 남다   44
정상으로 향한 투쟁이 우리 삶의 위대함이다   45
인간의 운명은 단절이며, 나의 삶은 불꽃이다   47

Albert Camus

2 | 부조리를 온전히 수용해 실존적 자유를 쟁취하라

부조리한 운명은 절망이 아닌 해방의 열정이다	53
삶의 명료함은 나에게 살아야 할 이유를 부여한다	54
부조리는 없애는 것이 아니라 견디고 살게 해야 한다	55
이해하지 못해도 사랑할 때 인간은 비로소 충실하다	56
세상은 정복하려 하지 말고 받아들이면 된다	57
삶에는 '왜'가 없으니 살아 있다는 것으로 충분하다	58
철학적 자살은 부조리를 끝까지 받아들이는 것을 거부한다	59
신이 앗아간 힘을 인간에게 되돌려야 한다	60
부조리에 대한 인식은 헛된 희망을 거부하고 나아가는 자유다	61
호소 없는 삶이야말로 유일하게 가치 있는 반항이다	62
부조리한 자유는 허무가 아니라 삶을 긍정하는 충만함이다	63
자유는 불안과 책임을 감수하며 살아가는 삶의 방식이다	64
인간의 가장 큰 위업은 경험의 최대치를 가지는 것이다	65
행복하다는 것은 현재의 문을 여는 것이다	66
지금 여기에서의 하루하루가 하나의 완전한 삶이다	67
있는 그대로 나를 받아들일 용기가 곧 행복이다	68
세상은 의미가 없지만 그럼에도 아름답다	69
행복을 나누지 않는 것은 부끄러운 일이다	70
삶에 대한 절망이 없다면 삶에 대한 사랑도 없다	71
희망은 현실을 견디기 위해 필요한 환상이다	72

3 | 고통과 죽음까지도 인내하며 존엄을 발견하라

가장 근본적인 물음은 '삶이 가치 있는가'이다	79
물음 자체를 파괴하는 자살은 답이 될 수 없다	80
삶에 굴복하지 않고, 화해 없는 의식을 유지하라	81
삶의 무의미에 맞서는 반항이 유일한 용기이다	82
거짓된 희망을 죽이는 것이 진정한 자유이다	83
불가능을 향해 나아가 습관 아닌 긴장을 쟁취하라	84
죽음을 바라본다는 것은 삶을 사랑한다는 것이다	85
하루하루는 꺼져가는 빛이니 영원으로 도피하지 마라	86
불멸을 원하는 자들은 사는 것을 잊고 만다	87
죽음이 최종적인 호소이기에 지금 여기에 모든 것을 쏟아라	88
운명보다 강한 당신의 선택, 죽음은 마지막 자유가 된다	89
절망과 사랑의 동반, 이것이 유일한 지혜이다	90
거짓 희망을 걷어낸 고통 속에서 명료함을 얻는다	91
운명보다 내가 강하기에 시지프는 미소 지을 수 있다	92
오래 지속될 필요는 없다, 중요한 것은 불타는 삶이다	93
시간이 빼앗을 수 없는 늙음은 반항의 기록이다	94
성숙이란 안정된 해답 없이 불확실 속에 서는 것이다	95
무익한 갈망을 포기하고, 절제로 고귀함을 쟁취하라	96
허황된 약속과 거짓된 위안 없이 삶의 무의미에 맞서야 한다	97
가난이 선물한 결핍 속에 진정한 명료함이 있다	98
자신을 초월해 근원과 연결될 때 충만한 완성을 이룬다	99

4 | 고독 속에 홀로 서서 주체적인 반항을 시작하라

증인이 없는 고독에서 진정한 자유가 시작된다	105
나는 타인이 보는 나지만, 내가 선택한 내가 되어야 한다	106
공허를 감수하고, 호소 없이 버텨야만 한다	107
자유는 권리가 아니며, 투쟁하는 실천으로 쟁취된다	108
침묵이 존재를 모아주기에 창조의 힘은 거기서 나온다	109
긴 침묵 끝에서야 비로소 정직하고 강한 말이 나온다	110
제도의 위안을 버리고, 세상의 무관심을 직시하라	111
경탄하는 자세로 순수한 현재에 충실해야 한다	112
부조리에 대한 인식은 반항, 자유, 정열을 낳는다	113
절망과 희망을 모두 거부하고 허무 속 용기를 택하라	114
삶보다 강한 것은 오직 태도로 지킨 존엄뿐이다	115
의미는 주어지지 않으며, 창조로 삶을 정당화한다	116
진리는 정복해야 할 대상이며, 투쟁을 통해서만 획득된다	117
거짓말하지 않는 것이 우리에게 진정한 자유이다	118
행동 없는 모든 생각은 결국 헛된 꿈일 뿐이다	119
성공이 아닌 노력에 불멸의 의미가 깃든다	120
시련 속 연대의 힘이 있기에 폭풍 속에서도 방향을 유지한다	121
유한한 단 한 번의 삶에 정열적인 충실성을 쏟아라	122
헛된 향수와 갈망을 버리고, 고독 속에서 창조의 동력을 보라	123
벌거벗은 진리 위에 반항으로 가치를 창조한다	124

5 태양과 바람처럼 삶의 모든 순간을 긍정하라

순간을 사랑하는 사람은 인생 그 자체를 사랑한다	131
오늘의 햇살과 바람 같은 찰나적인 진실에 헌신하자	132
영원은 저 너머가 아닌 순간 속에 있다	133
여름은 고독과 기쁨의 양면성을 가르친다	134
자연의 위대한 순환 속에서 유한성을 겸허히 직시한다	135
삶이 직선이 아닌 원임을 알 때 반항적 조화가 시작된다	136
무적의 여름은 운명에 굴하지 않는 반항이다	137
삶의 고통까지도 사랑하라고 태양은 우리에게 가르친다	138
맑은 명료함 속에서만 자유로운 반항을 실천할 수 있다	139
호소 없이 빛 속에서 온화하게 살아야 한다	140
태양은 명료함을 가르치고, 환상은 가르치지 않는다	141
고독은 내면의 힘을 찾는 충만한 시간이다	142
바다는 자유를 쟁취하는 반항적인 선택이다	143
바다는 운명에 맞설 인내를 인간에게 가르친다	144
자연은 반항과 겸손을 우리에게 모두 다 보여준다	145
인간은 무엇보다 먼저 대지에 충실해야 한다	146
대지는 가치를 창조할 임무를 인간에게 부여한다	147
대지에 발을 딛는 것은 실존적으로 다시 태어남이다	148
지금 여기의 삶에 모든 것을 내어주는 충만한 힘	149
매일의 아침 빛은 부조리에 대한 최종 승리다	150

6 개인적 반항을 넘어 타인과 연대하며 사랑하라

나는 반항한다, 그러므로 우리는 존재한다   157
부조리한 세계 속에서 반항은 곧 연대가 된다   158
진정한 반항은 삶의 긍정이지, 부정이 아니다   159
진정한 연대는 고통을 나누는 윤리적 결정이다   160
정의는 인간 속에 있으며 연대에서 비롯된다   161
타인의 고통과 억압에 맞서 반항하고 증언하라   162
재앙을 함께 견디는 것이 유일한 존엄이다   163
반항이 한계를 잊으면 억압이 되니 폭정을 거부한다   164
현세의 불완전함을 사랑하기, 그것이 유일한 지혜다   165
사랑은 소유가 아니라 타인을 자유롭게 하는 것이다   166
사랑은 존재함이며, 둘이 함께 무의미에 의미를 부여한다   167
용기 있는 사랑은 상실의 불안까지 받아들인다   168
한 명이 아닌 무수한 존재 속에서 나를 잃는 것이 사랑이다   169
다정함은 재앙 앞에서 인간적인 한계를 지키는 반항이다   170
공동체는 융합이 아니라 고독한 실존을 존중하는 연대이다   171
용서는 과거의 원한에서 스스로를 해방시키는 일이다   172
예술은 구원하지 않고, 다만 증언할 뿐이다   173
비록 삶이 비극일지라도 그것을 사랑해야 한다   175
결혼은 사람 간의 결속을 넘어 인간과 대지 사이의 결속이다   176
세상은 아름답고, 세상 밖에서는 어떤 구원도 없다   177

1장

삶이 부조리하다는 것을 가장 먼저 깨달아야 한다

1장은 인간의 삶과 세계를 이해하려는 여정이 '나는 누구인가'라는 근원적인 질문에서 시작됨을 알립니다. 세계 그 자체는 합리적이지 않으며, 우리가 추구하는 명석함과 세계의 비합리성이 충돌할 때 비로소 카뮈 철학의 핵심 개념인 '부조리'가 탄생합니다. 부조리는 인간의 명료함에 대한 간절한 부름과 세계의 냉담한 침묵이 맞닥뜨리는 지점에서 태어나는, 존재의 가장 심오한 본질입니다.

세계가 환상과 빛을 잃어버릴 때 인간은 이방인처럼 느껴지며, 이러한 인간과 삶 사이의 불일치에서 부조리의 감정이 발생합니다. 부조리를 인식하는 것은 곧 '살아야 할지 말아야 할지'를 결정하는 근본적인 질문에 답하는 것입니다. 부조리를 직시하는 여정은 영원한 삶에 대한 환상을 거부하는 과정이며, 이 거부를 통해 인간은 자신의 존재적 상황을 있는 그대로 받아들이게 됩니다. 이 인식이 곧 모든 이후의 설명으로부터 인간을 해방시키는 열정이 됩니다.

이 인식의 정점에는 죽음이 있습니다. 죽음은 부조리의 궁극적 얼굴이자, 인간적 열정을 낳는 필연적인 경계입니다. 또한 배우는 이 부조리한 삶의 전형입니다. 그는 영원히 지속될 수 없는 덧없는 순간 속에서 열연하며, 비지속성을 인정하는 것이 곧 이 세계의 유일한 진실인 불확실성을 껴안는 방법을 보여줍니다. '삶의 의미는 없지만, 사는 것 자체는 의미 있다'는 역설적 진리를 받아들이는 것이 부조리 인식의 첫걸음입니다.

『시지프 신화』의 주인공 시지프는 이 모든 부조리를 짊어진 인간의 초상입니다. 그는 무익하고 희망 없는 형벌을 맑은 의식으로 자각합니다. 하지만 그 자각의 순간 그의 불행은 곧 자유와 위대함의 근원으로 전환됩니다. 정상으로 향하는 그의 투쟁은 인간의 마음을 가득 채우기에 충분하며, 우리는 시지프를 행복한 사람으로 상상해야 합니다. 1장의 여정은 절망적인 인식에서 출발해 부조리 인식이야말로 모든 이후의 설명으로부터 인간을 해방시키는 열정이자 해방의 시작임을 선언하며 마무리됩니다.

1
'나는 누구인가'라는 물음이 삶을 이끌어가는 힘이다

 그는 자신에게 물었다. '나는 어디에서 왔는가? 무엇이 나를 여기에 데려왔는가?' 답은 쉽게 나오지 않았다. 그러나 바로 그 질문이 그의 삶 전체를 이끌어가는 힘이었다.
 삶의 깊이와 의미는 스스로에게 던지는 질문의 깊이와 비례한다. 이 세상의 모든 진실은 우리가 진실이라고 부르는 것들보다 더 단순하다.
 인간의 가장 근원적인 질문은 '왜'라는 형이상학적 호소이다. 이 질문이 곧 우리의 삶과 행동의 근본을 이룬다. 그러나 이 질문에 대해 세계는 침묵할 뿐이다. 이유를 찾으려는 인간의 간절한 호소와, 그 호소에 응답하지 않는 비이성적인 세계의 침묵이 맞닥뜨릴 때, 비로소 '부조리'가 태어난다.

2

인생이 살 만한 가치가 있는지 물어야 한다

인생이 살 만한 가치가 있는지 없는지 결정하는 것은 철학의 근본적인 질문에 대답하는 것이다. 그 밖의 모든 문제, 즉 세계가 삼차원을 가지는지, 정신이 아홉 혹은 열두 가지 범주를 가지는지는 그 다음 일이다.

우리는 먼저 이 질문을 던져야 한다. 이 질문은 존재의 한가운데에 있고, 열정과 고통의 중심에 있다.

이 질문은 우리가 매일 무심코 행하는 '습관'의 영역을 벗어나, '의식적'으로 삶을 마주하는 순간 발생한다. 아침 출근길, 전화 한 통, 익숙함의 균열 속에서 이 근본적인 질문은 우리를 침범한다.

삶의 의미가 없다는 사실을 깨닫는 것이 바로 제대로 사는 것의 시작이다. 이것은 사색의 영역이 아니라 일상생활의 영역이다.

3
우리는 명확함을 원하지만 세계는 침묵으로 답한다

세계 그 자체는 합리적이지 않다. 그것이 우리가 말할 수 있는 전부다. 그러나 부조리한 것은, 이런 비합리성과 인간의 깊은 내면에서 울려 퍼지는 명확성에 대한 격렬한 욕망이 서로 대립한다는 것이다.

부조리는 인간의 호소와 세계의 불합리한 침묵이 마주할 때 생겨난다. 중요한 것은 부조리 속에서 삶을 유지하는 방법을 아는 것뿐이다.

세계는 그 자체로 부조리한 것이 아니다. 부조리는 이 세계의 비이성적인 '벽'과 이성을 갈망하는 인간의 '간절함'이 맞닿아 있는 지점, 곧 대면 속에서 존재한다.

4

인간과 삶 사이의 간극이 부조리의 감정이다

잘못된 이유로라도 설명할 수 있는 세계는 친숙한 세계다. 그러나 반대로 환상과 빛을 갑자기 잃어버린 우주 속에서 인간은 이방인임을 느낀다. 이 불가해한 간극이 바로 부조리다. 그리고 이것이야말로 우리가 결코 잊지 않을 우리 삶의 증거이다.

인간과 삶 사이, 배우와 무대 사이의 이 간극이 바로 부조리의 감정이다. 이 부조리한 고통이 인간을 이성으로 이끌지는 못할지라도, 최소한 침묵을 가르쳐주기는 한다.

5
타인의 눈빛은
나를 외부인으로 만든다

인간은 결국 이방인이다. 그들은 스쳐 지나가는 그림자일 뿐이다.

나는 침묵 속에 갇힌 이 세상에서 고독을 유일한 고향으로 삼고 살았다. 타인의 눈빛은 항상 나를 외부인으로 만들었다. 내가 고통스러웠던 것은 고통이 아니라, 그 누구도 나를 이해하지 못한다는 사실이었다.

우리는 타인의 행동이 우리의 시야에서 벗어나 '기계적'으로 보일 때, 깊은 소외감을 느낀다. 익숙한 얼굴이 돌처럼 낯설어지는 그 순간, 우리는 세계로부터 영원히 추방된 이방인임을 인식한다. 이 고독감은 곧 '타인의 삶이 내가 알 수 없는 비밀에 싸여 있다'는 명료한 인식에서 비롯된다. 결국 우리는 서로에게 영원히 설명할 수 없는 '낯선 존재'로 남을 뿐이다.

6
삶의 의미는 없지만
사는 것 자체는 의미 있다

　인간은 영원하기를 바라지만 죽음을 향해 나아간다. 부조리는 피하는 것이 아니라 받아들이는 것이다. 인간은 살아 있는 모순이다. 삶의 의미는 없지만, 사는 것 자체는 의미가 있다. 살아가는 것 외에 아무것도 의미를 갖지 않는다.
　삶의 무의미함을 아는 순간, 우리는 삶의 가치가 없다는 것을 깨닫는 대신, '삶의 존재 그 자체'가 모든 이유의 합과 같음을 깨닫는다. 따라서 남김없이 살아야 한다.
　유일한 진실은 바로 삶 그 자체이다. 우리는 삶을 판단하거나 설명할 필요 없이, 오직 그 앞에서 경탄하고 그 깊이와 넓이를 온전히 경험해야 한다.

7

삶의 의미 없음을
깨닫는 것이 시작이다

부조리란 무엇인가? 그것은 인간의 호소와 세상의 불합리한 침묵 사이의 대면이다. 부조리는 인간만의 것도 세상만의 것도 아니며, 이들의 공동 존재 속에서 생겨난다.

삶의 의미가 없다는 사실을 깨닫는 것. 바로 그것이 곧 제대로 사는 것의 시작이다.

세계에 의미를 부여하려는 모든 시도를 중단할 때, 비로소 우리는 부조리라는 이 명료한 진실을 보존할 수 있다. 이 명료함은 절망의 이유가 아니라, 인간이 자신에게 주어진 삶을 명확히 인식하는 유일한 토대이다.

진정한 비극은 죽음이 아니라, 삶의 무의미함을 알면서도 그 무의미함에 익숙해져 버리는 상태이다. 따라서 '깨닫는 것'은 이 익숙함에 대한 영원한 반항의 선언이다.

8
부조리의 얼굴인 죽음이 삶의 절박함을 만든다

 죽음은 부조리의 궁극적 얼굴이다. 인간은 삶을 향해 나아가고, 죽음은 항상 인간을 맞이한다.
 죽음은 그 자체로 설명되지 않는다. 죽음은 모든 것을 파괴하면서 모든 것을 드러낸다. 죽음은 인간 행위의 의미를 파괴하지만, 그로 인해 살아야 하는 절박함이 생긴다. 죽음은 부조리의 극단적인 증거이자, 삶을 비추는 불꽃이기도 하다.
 죽음은 우리에게 내일이 없다는 것을 냉정하게 상기시킨다. 이 절대적인 한계 앞에서, 우리는 비로소 미래의 구원이나 영원한 의미라는 환상을 포기하고 현재의 삶에 모든 것을 걸 수 있게 된다. 죽음의 확신이야말로 삶의 모든 순간을 남김없이 살아야 할 유일한 근거이다.

9
희망 잃은 자의 벽 없는 감옥

나는 바다를 보고 싶다. 나는 그것을 평생 한 번도 본 적이 없다. 하지만 여기서는 산과 눈이 그것을 가로막는다. 나는 매일 같은 하늘, 같은 길, 같은 여행자를 본다. 내 안의 삶은 메말라간다. 그래서 나는 희망을 잃었고, 희망이 사라지자 사랑도 사라졌다.

삶은 가치가 없지만, 사는 것 자체는 의미가 있다. 하지만 나는 이 의미를 붙잡을 수 없다. 나의 감옥은 벽으로 이루어져 있지 않다. 그것은 내가 볼 수 없는 수평선이다.

나는 지금 단 하나의 욕망만을 가지고 살고 있다. 다른 곳으로 가고 싶다. '다른 곳으로 가고 싶다'는 욕망은 현재의 부조리한 조건에 대한 최초의 반항이자 환멸의 증거이다. 인간은 영원한 미래의 환상(희망)을 잃었을 때, 현재의 무기력함에서 벗어나고자 하는 근원적인 움직임을 시작한다.

10

가장 위험한 것은
영원한 삶의 환상이다

인간은 자신이 있는 그대로 존재하는 것을 거부하는 유일한 존재다. 인간은 항상 자기 진리의 희생양이 된다. 우리가 알 수 없는 것에 대한 희망만큼 인간을 유혹하는 것은 없다. 이러한 희망은 우리의 정신을 닳게 하고 결국 비극을 낳는다.

가장 위험한 환상은 영원한 삶에 대한 환상이다. 이 환상이 우리를 현재의 진정한 열정에서 멀어지게 한다. 미래의 구원을 위해 현재를 유보하는 것은 이 삶에 대한 가장 큰 배신이다. 현재의 열정을 포기하게 만드는 영원은 우리에게 삶을 되돌려주는 것이 아니라 빼앗아간다.

우리가 소유할 수 있는 유일한 시간은 바로 지금이다. 삶의 의미는 그 시간의 깊이에 있는 것이 아니라, 남김없이 사는 그 '양(量)의 삶'에 있다. 이 환상(영원)을 거부할 때만 우리는 이 삶의 유일한 가치를 발견한다.

11

깊은 침묵만이
모든 것에 답할 뿐이다

삶의 이면에는 설명할 수 없는 깊은 침묵이 존재한다. 모든 것의 불가능함, 그 종말이 여기에 있다. 나는 이 세계에서 무엇을 기대해야 할지 알지 못한다. 침묵과 무관심이 모든 것에 대답할 것이다.

나는 그들의 말을 이해할 수 없었다. 나에게는 그들의 삶이, 그들의 기쁨과 슬픔이 낯설었다.

이 세계의 침묵은 단순한 부재가 아니라, 우리를 영원히 이해할 수 없는 돌벽처럼 둘러싸고 있는 비이성적인 '벽'이다. 이 냉담한 세계의 미소는 곧 우리가 기대했던 의미에 대한 유일한 응답이다. 이 깊은 침묵 속에서 우리는 타인과의 공통된 언어를 잃어버린 이방인이 된다. 내가 느끼는 고독감은 타인에게도 동일하게 적용되는 부조리한 조건의 반영이다.

12

역할 뒤 공허함을 알면서 연기하는 용기

삶은 각자 가면을 쓰고 하는 연극이다. 역할 뒤에는 공허만 있을 뿐이다.

용기란 모든 것이 연극임을 알면서도 연기하는 것이다. 모든 것을 안다는 것은 아무것도 알지 못하는 것과 같다. 그러나 이것이 우리에게 명료함을 가져다준다.

배우는 자신의 운명(죽음과 공허)을 미리 알면서도, 무대 위에서 최대한 많은 삶을 소진한다. 그의 연기는 영원을 위한 것이 아니라, 현재의 순간에 집중하는 그의 충실성을 증명한다.

부조리한 인간은 세상을 무대 삼아 연기하는 배우와 같다. 그는 자신의 역할이 잠정적이며 중요하지 않음을 알지만, 현재 주어진 역할에 최고의 열정을 쏟는다.

13

덧없는 순간 속에
영원함을 응축하다

배우는 전형적인 부조리한 인간이다. 그는 하루를 위해 한 순간을 위해 연기한다. 그의 예술은 덧없는 예술이다. 하지만 이 덧없음이 바로 그의 위대함이다. 그것은 한 시간의 공연 속에 모든 삶을 응축한다.

배우에게는 무대 위에서 살아 있는 순간의 영원함 외에 다른 영원함은 없다. 배우의 영원함은 공연하는 순간에 있다.

배우가 무대 위에서 최대한 많은 삶을 소진하려는 노력은 희망 없는 삶에 대한 가장 강력한 긍정이다. 그는 덧없는 순간의 깊이를 통해 역설적으로 시간을 초월하려 한다.

삶의 모든 가치는 그것이 끝나기 때문에 더욱 절실하다. 영원을 약속받지 못했기에, 배우는 공연의 마지막 커튼이 내려오기 전까지 가장 많은 것을 체험하고 느낀다는 부조리한 윤리를 실현한다.

14

사랑을 포함한 모든 것, 아무것도 붙잡지 마라

나는 결국 사랑은 아무것도 아니며, 우리는 지나가는 어떤 것도 붙잡을 수 없다고 생각했다.

나는 불행과 사랑 사이에서 주저한다. 모든 고통이 지나가듯, 모든 기쁨도 지나간다. 나는 아무것도 지속되지 않는다는 것을 안다.

사랑은 그것이 끝나기 때문에 우리에게 더욱 절실한 가치를 지닌다. 사랑의 순간에 영원을 기대하거나 그 기억을 소유하려 할 때, 우리는 부조리를 회피하게 된다.

진정으로 사는 것은 아무것도 보존하지 않는 것이다. 우리가 붙잡지 않고 내어줄 때, 그 순간의 경험은 가장 순수하고 강력하게 우리의 삶 속에 각인된다.

15

진실은 답이 아닌
불확실한 탐구 속에 있다

　확실성을 찾는 것은 헛된 일이다. 진실은 답이 아니다. 진실은 탐구 속에 있다. 인간은 불확실성을 받아들이면서 진실에 다가선다. 불확실성이 진실 그 자체다.
　완전한 진리는 없고 오직 조각만 있을 뿐이다. 의심은 진리에 대한 충실함이다. 스스로 진리를 가졌다고 주장하는 사람은 정신을 저버리는 것이다. 진리는 확실성이 아니라 탐구다. 의심은 믿음보다 더 충실하다. '닫힌 대답'은 세계의 복잡성을 왜곡한다.
　우리는 세계를 전부 알 수 없다. 우리가 할 수 있는 유일한 일은, 우리가 가진 '인식의 경계'를 끊임없이 측정하고 명료하게 유지하는 것이다. 이 경계를 넘어서는 모든 '완전한 대답'은 결국 '부조리'를 덮으려는 도피일 뿐이다.
　진실은 최종적인 도착지가 아니라, 우리가 매 순간 세계와 대면하는 그 행위 속에 존재한다. 영원한 진리에 기대지 않고, 현재의 불완전성을 껴안는 것이 곧 지혜이다.

16

고통을 인정할 때
비로소 사유가 시작된다

모든 탄생은 연약하다. 첫걸음 속에 이미 모든 길이 있다. 우리가 고통을 인정할 때, 우리는 비로소 알기 시작한다. 무지가 우리를 낯설게 만들지만, 고통은 우리를 우리 자신과 세계에 연결시킨다.

사유는 고통에서 생겨난다. 안락은 잠들게 하고, 고통은 깨어나게 한다. 철학한다는 것은 자신의 상처를 질문하는 법을 배우는 것이다.

고통은 우리를 세계의 비합리성과 인간의 명료한 욕구가 맞서는 대면 속으로 끌고 들어간다. 이 대면을 직시할 용기, 곧 상처를 질문하는 법을 배울 때 우리는 부조리를 회피하지 않고 삶의 총량에 충실할 수 있게 된다.

17

부조리의 인식이야말로
해방의 시작이다

    세상은 가볍게 바라보지 않는다면 견딜 수 없다. 인간의 위대함은 자신의 조건보다 더 강해지기로 결단하는 데 있다.
    우리가 부조리를 인식하는 순간부터 그것은 열정이 된다. 가장 명백한 진리는 '모든 것이 부조리하다'는 사실이다. 경멸로 극복되지 않는 운명은 없다. 따라서 부조리에 대한 인식은 필수적인 한 걸음이다. 부조리는 끝이 아니다. 그것은 단지 시작일 뿐이다.
    부조리는 인간을 모든 이후의 설명에서 해방시킨다. 부조리의 인식은 곧 미래에 대한 모든 희망을 거부하는 행위이다. 영원한 구원이라는 족쇄에서 벗어나, 인간은 오직 현재의 순간만을 소유하는 실존적 자유를 얻는다.
    부조리한 사슬을 끊고 해방된 인간은 더 이상 내일의 의미를 걱정하지 않는다. 그는 경멸적인 명료함을 통해 삶을 사랑하고, 주어진 운명을 자신의 것으로 껴안는 용기를 획득한다.

18

무대의 막이 내린 뒤
빈 객석만 남다

나는 잘 안다. 모든 인간은 모든 범죄의 증인이고, 우리가 하는 모든 일의 공모자라는 것을.

나는 무대 위에서 살았다. 나는 박수를 기다렸고, 갈채에 목말라 했다. 그러나 막이 내리자 빈 객석만 남아 있었다. 그때 알았다. 나는 누구의 변호인도, 누구의 친구도 아니었다는 것을. 나는 오직 나 자신만을 위해 살아왔고, 나 자신마저 배신했던 것이다.

빈 객석은 우리가 삶의 의미를 타인의 시선이나 세상의 보상에 기대했을 때 돌아오는 부조리한 침묵의 상징이다. 오직 자기 자신만을 위해 산다는 것은 결국 절대적인 고독이라는 징벌로 이어진다. 진정한 책임은 이 빈 객석을 직시하고, 타인의 고통을 외면하지 않고 연대하는 데서 시작된다.

19

정상으로 향한 투쟁이
우리 삶의 위대함이다

신들은 시지프에게 끝없이 바위를 산꼭대기까지 굴려 올리도록 형벌을 내리고 그 바위는 자기 무게로 다시 굴러 떨어지게 했다. 신들은 이보다 더 무의미하고 희망 없는 형벌은 없다고 생각했다.

시지프는 매번 평야로 내려올 때마다 자신의 불행을 알게 된다. 바로 이 인식의 순간이 그의 형벌을 비극으로 만든 것이다. 왜냐하면 부조리한 인간은 짐승과 달리 자신이 고통 받는 것을 알기 때문이다.

부조리한 인간은 자신이 고통 받고 있음을 아는 자다. 그러나 바로 그 순간이 승리의 순간이기도 하다. 시지프가 자신의 운명이 허무함을 깨닫는 순간 그는 자유로워진다. 그의 불행의 원인이었던 그 통찰력이 동시에 그의 위대함의 근원이 된다. 명료한 의식이 시지프의 위대함을 세운다.

바위 그 자체로 이미 충분하다. 정상으로 향한 매번의 노력은 새롭게 정복된 하나의 세계다. 우리는 시지프를 행복한 사람으로 상상해야 한다. 왜냐하면 정상으로 향하는 그의 투쟁은 인간의 마음을 가득 채우기에 충분하기 때문이다.

20

인간의 운명은 단절이며,
나의 삶은 불꽃이다

나는 아직 살아 있다. 진리의 불꽃은 아직 내 안에서 타오른다. 하지만 진리와 나, 둘 다 죽어야 한다. 그것이 바로 인간의 운명이다.

인간은 영원한 진리나 구원을 약속받지 못했다. '진리의 불꽃'이 우리 안에서 타오른다 해도 그 진리는 곧 우리의 죽음과 함께 소멸할 운명이다. 이 유한한 운명을 직시하는 것이 곧 진정한 명료함이다.

영원하지 않은 모든 것의 가치를 인정하고 사랑해야 한다. 진리가 죽어야 한다는 인식은 미래의 희망을 최종적으로 거부하고, 현재의 삶과 열정만이 유일한 진실임을 받아들이는 반항적인 긍정이다.

2장

부조리를 온전히 수용해 실존적 자유를 쟁취하라

1장이 부조리 인식의 명료함과 희망의 거부를 통해 자유를 획득하는 과정을 다루었다면, 2장은 이 인식 위에서 '어떻게 살 것인가'라는 실존적 질문에 답합니다. 부조리는 제거해야 할 대상이 아니라, 오직 정직하게 응시하고 감당해야 할 삶의 토대입니다. 따라서 이 장은 초월적 해답을 통해 부조리를 지워버리는 '철학적 자살(도피)'을 단호히 거부합니다. 이는 거짓된 희망을 거부함으로써 실존적 자유를 획득하는 출발점이 됩니다.

부조리한 조건의 수용은 절망적인 체념이 아니라, '호소 없이' 살아가는 실천적 자세를 제시합니다. 우리에게 아무것도 약속되지 않았기에, 인간은 종교적 혹은 형이상학적 구원론에 기대지 않고 '지금 여기'의 삶에 모든 것을 내어주는 완전한 자유를 얻습니다. 인간에게는 허무에 굴복하거나 혹은 끝없는 반항을 통해 삶을 창조하는 두 갈래의 길만 남게 됩니다. 이 반항은 파괴가 아닌 삶 자체에 대한 긍정이며, 부조리한 세계에 대한 끊임없는 대면 행위입니다.

이러한 반항의 윤리는 '양(量)의 삶'으로 구체화됩니다. 질(質)이 아닌 양으로 삶을 측정하는 것은, 미래의 구원이나 영원한 의미에 의존하지 않고 유한한 현재의 순간들을 최대한 많이, 깊이 있게 경험하겠다는 충실성의 약속입니다. 현재를 붙잡고 행동 속에서 불타는 것이 부조리한 인간에게 남겨진 유일한 지혜이며, 절망과 사랑이 동반하는 이 단순하고 제약된 삶 속에서 인간은 경탄과 감사로 자신만의 행복을 쟁취하게 됩니다.

부조리한 자유는 허무가 아니라 삶을 긍정하는 충만함이며, 이 충만함은 불안과 책임을 감수하며 살아가는 삶의 방식입니다. 결국 2장은 '부조리 인식은 끝이 아닌 시작'임을 증명하며, 개인적 행복을 연대의 윤리로 확장하고, 인간의 위대함이 자신의 조건보다 더 강해지기로 결단하는 데 있다는 최종적인 행동 윤리를 제시합니다.

21

부조리한 운명은
절망이 아닌 해방의 열정이다

　부조리는 절망이 아니라, 오히려 모든 이후의 설명으로부터 인간을 해방시키는 열정이다. 부조리를 인식하는 순간, 인간은 자신의 운명이 얼마나 무익하고 희망 없는 것인지를 맑은 의식으로 자각한다. 그러나 바로 이 맑은 의식이 그를 역설적으로 자유롭게 만들고, 그의 삶에 비극적인 위대함을 부여한다.

　우리가 가진 모든 희망을 내려놓을 때, 비로소 미래의 구원이라는 족쇄에서 벗어난 완전한 자유를 얻는다. 부조리한 인간은 자신의 삶이 유일하고 비영원적임을 알며, 지금 여기의 순간에 모든 것을 걸 수 있는 최고의 열정을 획득한다. 세상이 나에게 침묵한다는 사실 자체를 오해 없이 받아들일 때, 우리는 비로소 그 침묵 속에서 우리의 힘과 충실함을 발견하게 된다.

22

삶의 명료함은 나에게
살아야 할 이유를 부여한다

'명료함'은 인간의 이성적 사고가 세계의 비이성적인 벽에 부딪힐 때, 그 인식의 경계를 끊임없이 측정하고 의식하는 태도이다. 이 명료함을 통해 우리는 초월적 희망이나 형이상학적 해결책을 거부하는 용기를 얻는다.

명료함은 인간의 삶을 비추는 등불이다. 이 등불은 모든 것을 환하게 밝히지 못하지만, 우리가 가진 것 중 유일하게 흔들리지 않는 진실이다.

삶의 명료함이 모든 초월적인 것을 배제한다. 하지만 이 명료함은 나를 죽음으로 이끌지 않는다. 도리어 나에게 살아야 할 이유를 부여한다. 명료함은 우리가 유한하고 비영원적임을 알면서도, 그 조건 속에서 삶의 모든 순간에 충실하겠다는 반항적 의지의 발현이며, 이 의지가 바로 '살아야 할 이유'이다.

23

부조리는 없애는 것이 아니라
견디고 살게 해야 한다

산다는 것은 부조리를 살게 하는 것이다. 부조리를 산다는 것은 먼저 그것을 바라보는 것이다. 부조리한 인간은 설명하지 않는다. 그는 묘사하고 계속 살아간다. 그는 단지 부조리와의 대면 속에서 중요한 것은 삶 그 자체이지, 삶의 망상이 아니라는 것을 안다.

부조리는 없애는 것이 아니라 견뎌내야 하는 것이다. 세상은 우리의 범주에 국한되지 않는다. 부조리는 인간의 호소와 세상의 불합리한 침묵이 대면할 때 생긴다. 유일한 삶의 방식은 부조리를 부정하지 않고 살아 있게 하는 것이다.

24
이해하지 못해도 사랑할 때 인간은 비로소 충실하다

인간은 이해하지 못함을 받아들일 때 비로소 충실하다. 세계는 설명할 대상이 아니라 사랑할 대상이다. 세계는 설명할 필요도, 구원받을 필요도 없다. 세상은 아름답고, 세상 밖에는 구원이 없다. 이해하지 못하는 이 세계에 진실로 충실하려면, 미래의 희망을 잊고 현재의 삶에 모든 열정을 걸어야 한다.

우리가 사는 이 대지의 기쁨보다 더 훌륭하고 고귀한 신념은 없다. 세계에 충실하다는 것은 곧 이 순간의 기쁨과 현존에 대한 믿음이다. 명료하게 알 수 없는 삶을 끝까지 살아가기 위해 우리는 논리를 포기하고 이 부조리한 세계에 열정적으로 헌신해야 한다.

이러한 충실성은 논리와 이성으로 파악할 수 없는 대지의 아름다움과 자연의 현존을 조건 없이 사랑하는 지중해적 감수성의 표현이다. 이 경탄과 사랑 때문에 사는 것 자체는 충분한 의미를 가지며, 이것이 곧 우리의 '현재의 왕국'이다.

25
세상은 정복하려 하지 말고 받아들이면 된다

 세계를 이해한다는 것은, 때로는 그것을 받아들이는 것이다. 자유로운 인간은 세상의 한계를 받아들이는 사람이다. 우리는 세상을 정복할 필요가 없다. 다만 세상을 받아들이면 된다.
 삶의 모든 부조리를 견뎌내고 이 세계에 충실하기로 결심하는 순간, 우리는 '부조리한 자유'를 획득한다. 이 자유는 아무것도 약속받지 않았기에, 모든 것이 가능해지는 해방감이다.
 이 '부조리한 자유'는 곧 삶의 목적이 없음을 알았으므로 모든 행위가 허용된다는 인식이다. 인간은 스스로 행동하고 결정하는 것 외에 어떤 외적인 지침도 없다는 것을 깨닫고, 오직 현재의 순간만을 소유하는 단독자로서 해방된다.

26

삶에는 '왜'가 없으니
살아 있다는 것으로 충분하다

 삶에는 '왜'가 없다. 의미를 찾는 것은 자신을 잃는 것이다. 살아 있다는 것만으로 이미 충분하다. 의미를 탐색하려는 모든 움직임은 결국 자살이다. 진정으로 삶을 존중하는 것은, 그것에 부여할 수 있는 유일한 이유가 그 '이유 없음' 자체임을 아는 것이다.

 세계는 인간이 던지는 '왜?'라는 질문에 아무런 응답도 하지 않는다. 우리는 이 대답 없음(침묵)을 정직하게 직시해야 한다.

 삶의 이유가 없음을 명료하게 알 때, 우리는 비로소 '살아 있음'이라는 단순하고 덧없는 현존이 곧 유일한 절대적 가치임을 깨닫는다. 이 '이유 없음'은 곧 모든 것을 가능하게 하는 자유의 근거이다. 이 자유는 오직 현재의 순간에 모든 열정을 거는 '경험의 충실성'을 낳는다.

27

철학적 자살은 부조리를
끝까지 받아들이는 것을 거부한다

    철학적 자살은 인간의 이성이 한계에 도달했을 때, 그 한계를 인정하면서 동시에 초월적인 해답을 끌어들일 때 나타난다. 키에르케고르는 신앙의 '도약'을 제시한다. 그는 이성이 해결할 수 없는 모순을 받아들이고, 믿음 속에서 그것을 포용한다. 그러나 이렇게 되면 부조리는 사라지고 신적 질서에 흡수된다.

    야스퍼스도 마찬가지다. 인간 존재는 한계상황에 직면하고 이때 그는 '초월자' '포괄자'를 가정한다. 그러나 이 또한 부조리를 없애버린다. 부조리를 끝까지 가져가는 것 대신 다른 차원에서 미리 해결해버리는 것이다. 철학적 자살은 질문을 남겨두지 않는다. 그것은 부조리를 전적으로 받아들이는 것을 거부한다.

    이러한 초월적 해답으로의 이행은 이성의 불가능성을 인정한 후, 비이성적인 영역으로 '도약'하는 행위이다. 이것은 부조리의 명료함을 의도적으로 회피하고, 절망의 인식으로부터 도망치려는 가장 위험하고 치명적인 정신적 행위이다.

28

신이 앗아간 힘을
인간에게 되돌려야 한다

신앙이 앗아가는 '힘'이란, 자신이 가진 인식의 경계와 부조리한 운명을 스스로 짊어질 수 있는 능력이다. 신은 위로를 주지만 힘을 빼앗는다. 신을 부정하는 것이 아니라 인간에게 삶을 되돌려주는 것이 중요하다. 인간은 자신만으로 충분한 존재임을 배워야 한다.

철학적 자살(신앙의 도약)을 거부할 때, 인간은 신과의 거래에서 자유로워진다. 인간은 이제 신의 눈을 빌리지 않고 오직 자신의 눈으로만 세상을 본다. 이는 인간이 그들의 삶의 유일한 주인임을 확인하는 작업이다.

삶에 대해 호소하는 것은 미래에 의존하는 것이며, 영원을 기대하는 것이다. 우리는 오직 스스로의 힘에 의지하여 오늘을 살아가야 한다. 그것이 인간적 존엄의 시작이다. 인간에게 삶을 되돌려준다는 것은 인간이 스스로의 힘으로 자신의 한계를 인정하고, 그 안에서 자신의 의식을 온전히 짊어지는 것이다.

29

부조리에 대한 인식은 헛된 희망을
거부하고 나아가는 자유다

부조리를 받아들인다는 것은 체념하는 것이 아니다. 오히려 그것은 헛된 희망을 거부하고 어떠한 호소도 없이 나아가는 것이다. 이 거부에서 자유가 생겨난다.

자유로운 인간은 미래나 영원에 의지하지 않고 살기로 결심한 사람이다. 이 거부를 통해 인간은 모든 것을 잃은 대신, 스스로의 삶을 스스로 책임지는 유일한 자유를 발견한다.

30

호소 없는 삶이야말로
유일하게 가치 있는 반항이다

'호소'란 미래의 구원, 초월적인 해답, 혹은 영원한 의미를 향해 던지는 모든 절망적인 외침을 의미한다. 호소 없이 산다는 것은 이 모든 초월적 약속에 대한 기대와 굴복을 멈추고, 오직 유한한 현재에 대한 스스로의 힘만을 믿겠다는 단독적인 결단이다.

호소 없이 살아야 한다. 호소 없이 사는 것, 그것이 자유다. 삶은 가치 없는 경험을 위한 것이 아니라, 그 경험 자체에 가치를 부여하는 것이다. 호소하지 않는다는 것은 희망이 아니라 의식적인 반항이다.

호소 없이 살 수 있는지 아는 것이 중요하다. 이 원칙을 벗어나지 않고 따르며 주의 깊게 응시해야 한다. 나머지는 말장난과 위로일 뿐이다. 하지만 이 요구를 끝까지 따른다면 그것이 유일하게 가치 있는 일이다.

31

부조리한 자유는 허무가 아니라
삶을 긍정하는 충만함이다

    부조리를 끝까지 받아들이는 사람은 유일한 자유를 발견한다. 호소 없이 살기, 미래나 영원에 의지하지 않고 살기. 인간은 모든 희망을 잃었을 때에만 진정으로 자유롭다. 아무것도 약속되지 않았기 때문에 모든 것이 가능하게 된다.

    부조리를 끝까지 받아들이는 사람이 발견한 자유는 허무가 아니다. 그것은 오히려 충만함이다. 미래 세계에 대해 아무것도 기대하지 않는 것은 오늘의 태양과 열정, 사랑으로 시선을 돌리는 것이다. 부조리한 자유는 완전히 죽음을 인식하면서, 그럼에도 삶을 긍정하는 것이다. 그것은 어떤 이념보다 강하고, 어떤 신념보다 생생하다.

32

자유는 불안과 책임을 감수하며 살아가는 삶의 방식이다

자유는 한계가 없는 것이 아니라 그것을 받아들이는 것이다. 신이 되기를 바라는 것은 인간을 파괴하는 것이다. 진정한 자유는 제약 속에서 선택하는 것이다. 자유는 결코 획득된 것이 아니라, 살아가는 것이다.

책임 없는 자유는 거짓이다. 자유롭다는 것은 곧 매 순간 자신에게 책임을 지는 것이다. 자유는 불안 없이 존재하지 않는다. 선택이란 항상 무언가를 잃는 것이다. 선택의 불안을 받아들이는 것이 자유로 들어가는 것이다.

'불안'은 모든 초월적인 지침이 사라진 상황에서, 인간이 자신의 행동에 대해 전적인 책임을 져야 함을 깨달을 때 필연적으로 동반되는 감정이다.

이 불안이야말로 인간이 자유롭게 선택하고 실존적으로 살아 있음을 증명하는 가장 정직한 증거이다.

33

인간의 가장 큰 위업은
경험의 최대치를 가지는 것이다

　인간이 이룰 수 있는 가장 큰 위업은 '양(量)의 삶'을 사는 것이다. 경험의 최대치, 그리고 의식의 최대치를 가지는 것이다. 삶의 의미가 없는 것은, 살아보지 않은 모든 이유를 합한 것과 같다. 그러니 남김없이 살아야 한다.

　우리는 '가장 잘 산 삶'에 대해서는 알지 못한다. 그러나 우리는 '가장 많이 산 삶'에 대해서는 알 수 있다. 이 삶의 양은 곧 경험의 질을 의미하며, 이는 영원을 향한 희망을 포기한 인간에게 남은 유일한 기준이다.

　우리의 삶의 가치는 그 깊이에 있는 것이 아니라, 그 넓이에 있다. 모든 순간을 끝까지 인식하고, 모든 경험을 남김없이 소진하는 것, 그것이 가장 큰 위업이다.

34

행복하다는 것은
현재의 문을 여는 것이다

　기억은 부정확하다. 지나치게 과거를 바라보면, 현재를 잃는다. 과거는 오늘을 살찌울 때만 살아 있다.
　산다는 것은, 행동 속에서 불타는 것이지, 기다림 속에서 오래 버티는 것이 아니다. 미래가 내포하는 것은, 단지 현재를 온전히 살아가야 한다는 의무일 뿐이다.
　지혜란 현재를 붙잡는 것이다. 과거는 헛되다. 미래는 환상이다. 오직 순간만이 충만하다.
　현재는 영원의 문이다. 행복은 이 영원의 문을 여는 것이다. 미래에 대한 진정한 관대함은 현재에 모든 것을 주는 데 있다.

35

지금 여기에서의 하루하루가
하나의 완전한 삶이다

 유일한 도덕은 삶을 더 사랑하게 만드는 것이다. 하루하루가 하나의 완전한 삶이다.

 삶은 단순하다. 다만 우리가 그것을 끊임없이 복잡하게 만들 뿐이다. 단순함을 되찾는 것은 기쁨을 되찾는 것이다.

 장식은 아무 소용이 없다. 사는 것으로 충분하다. 본질은 존재하는 것이다.

36

있는 그대로 나를 받아들일
용기가 곧 행복이다

　행복한 사람은 아침부터 저녁까지 자기 자신을 있는 그대로 받아들이는 사람이다. 진정한 자유는 있는 그대로를 받아들이는 것이다.

　행복은 가장 위대한 정복이다. 그것은 우리에게 주어진 운명에 맞서 얻어야 하는 것이다.

　행복은 오랜 인내다. 행복은 목적이 아니라 하나의 삶의 방식이다. 행복은 감사와 다르지 않다. 행복해지려면 반드시 용기가 필요하다.

　이러한 행복은 곧 이 세계의 덧없는 아름다움과 자연의 현존에 대한 조건 없는 감사이다. 절망과 사랑이 동반하는 이 단순하고 제약된 삶 속에서, 인간은 '지상의 기쁨'을 붙잡고 경탄으로 행복을 쟁취한다. 행복은 우리의 운명에 대한 끊임없는 반항의 결과이다.

37

세상은 의미가 없지만
그럼에도 아름답다

세상은 의미가 없지만 악의가 있는 것도 아니다. 세상은 아름답다. 그것을 받아들이기만 하면 충분히 행복할 수 있다.

지혜란 세상에 충실하며 기쁨을 찾는 것이다. 부조리한 세계에 충실하다는 것은 곧 이 세계의 태양, 바람, 그리고 모든 감각적인 기쁨에 자신을 내어주는 것이다. 우리는 삶의 비밀을 알지 못해도, 이 지상의 순수한 아름다움에서 오는 감사를 통해 기쁨을 찾아낼 수 있다. 삶의 무의미함을 맑은 의식으로 인식하고, 그럼에도 불구하고 그 아름다움에 열정을 쏟는 것. 이것이 곧 우리가 모든 절망과 싸워 이기는 유일한 지혜이다.

38

행복을 나누지 않는 것은 부끄러운 일이다

 나는 행복하다는 것이 부끄러운 일이 아님을 알았다. 그리고 비참함 속에서도 작은 기쁨과 충실한 기억의 한 조각을 온전히 지켜야 한다는 것을 알았다. 세상은 아름답고, 세상 밖에는 구원이 없다.

 그러나 이 행복을 나누지 않는 것은 부끄러운 일이다. 이 세계의 아름다움과 기쁨을 온전히 껴안는 것은 개인적인 승리이다. 그러나 인간은 혼자서만 구원받을 수 없으며, 진정한 의미는 타인의 삶에 대한 배려에서 완성된다. 부조리에 대한 반항은 결코 개인적인 행위에 머무를 수 없다. 그것은 '우리 모두'의 공통된 조건이며, 우리의 승리는 모두의 승리가 되어야 한다.

39

삶에 대한 절망이 없다면
삶에 대한 사랑도 없다

　모든 아름다움의 중심에는 쓰라림이 있고, 그것이 바로 그 깊이를 만든다. 기쁨은 이 혼합에서 생겨나고, 슬픔을 비추는 빛과 삶과 죽음이 함께한다는 확신에서 생겨난다.
　삶에 대한 사랑은 삶에 대한 절망 없이는 존재하지 않는다. 절망에 익숙해지는 것은 절망 그 자체보다 더 끔찍하다.
　우리는 행복과 부조리를 결코 분리할 수 없다. 행복은 부조리의 인식을 통해 비로소 획득되며, 이 세계의 유한성을 맑은 의식으로 자각할 때만 진정한 사랑이 가능하다.
　이 세상의 아름다움은 그것이 영원하지 않기 때문에 우리에게 더욱 절실하다. 삶의 덧없음이야말로 이 순간의 기쁨에 무게를 더하는 유일한 근거이다.

40
희망은 현실을 견디기 위해 필요한 환상이다

희망은 필요한 환상이다. 내일이 없다면 오늘은 무너진다. 희망을 선택한다는 것은 현실을 부정하는 것이 아니라 현실을 견디며 살아가는 것이다.

영원한 삶에 대한 구원의 희망은 거부해야 한다. 하지만 눈앞의 '내일'을 허용하는 것은 부조리한 인간의 일관성을 지키는 행위이다. 우리는 오늘을 충실히 살아가기 위해 내일이 존재할 가능성이라는 기능적인 환상을 필요로 한다.

시지프가 산을 내려올 때, 그에게 남은 것은 신에게 호소하는 희망이 아니라, 내일 다시 돌을 밀어 올리겠다는 노동에 대한 확신이다. 이것이 바로 자신의 운명을 스스로 짊어지겠다는 의지의 표현이다. 진정한 비극은 절망 그 자체가 아니라, 그 절망에 익숙해져서 더 이상 절망하지 않는 상태이다. 따라서 '내일'을 통해 현재의 의식을 깨어 있게 하는 것은 부조리에 대한 마지막 반항이다.

이 '내일의 희망'은 초월적인 비약을 위한 희망이 아니라, 현재의 행동을 위한 촉매제로서 기능한다. 부조리한 인간은 '내일이 존재할 수 있음'을 전제로, '오늘의 양(量)'을 최대로 소진하는 충실성을 실천할 수 있다. 이는 부조리를 부정하지 않고 끝까지 삶을 유지하는 궁극적인 반항의 방식이다.

시지프에게 부여된 '노동에 대한 확신'은 형벌에 대한 긍정이 아니라, 형벌을 명료하게 인식하고 스스로의 힘으로 짊어지겠다는 의지이다. 그는 돌을 다시 밀어 올리기 위해 산을 내려오는 그 순간에, 자신의 운명보다 더 강한 의식을 소유하는 행복을 발견한다.

3장

고통과 죽음까지도 인내하며 존엄을 발견하라

3장은 인간이 삶에서 피할 수 없는 근원적인 고통을 정직하게 직시하는 여정으로 독자들을 이끌어갑니다. 세계의 침묵과 비합리성 속에서 발생하는 이 고통은 삶을 포기할 것인지, 아니면 이 무의미를 견디며 살아낼 것인지 선택하게 하는 핵심적인 물음이 됩니다. 진정한 인간적 용기는 쉬운 도피나 초월적 위로를 거부하고, 삶의 무의미를 알면서도 끝까지 이 고통을 껴안고 인내하는 자세에서 나옵니다. 이 고통을 통한 자각이야말로 인간이 실존적으로 살아 있음을 증명하는 가장 정직한 증거가 됩니다.

이 인내의 최종적인 대상은 바로 부조리의 가장 큰 상징인 죽음입니다. 죽음은 삶을 위협하는 존재가 아니라, 오히려 삶을 한층 더 선명하고 강렬하게 만드는 경계선이 됩니다. 우리가 유한하다는 사실을 직시할 때, 비로소 미래의 환상을 버리고 현재의 순간은 절대적인 가치로 빛나게 됩니다. 죽음의 확실성은 삶의 모든 순간을 남김없이 살아야 할 유일한 윤리적 근거를 제공합니다.

시지프가 고통스러운 노동 속에서 존엄을 발견하듯, 부조리한 인간은 고통과 죽음이라는 한계를 온전히 끌어안고 자신의 바위를 밀어 올릴 때 궁극적인 존엄을 발견합니다. 시지프에게 '노동에 대한 확신'은 형벌에 대한 긍정이 아니라, 운명보다 더 강한 의식으로 자신의 바위를 짊어지겠다는 의지적 반항의 표현입니다. 이처럼 비극적인 운명을 명료하게 인식하는 순간, 그의 불행은 곧 행복의 근원으로 전환됩니다.

충만하게 산다는 것은, 결국 삶을 파괴하는 시간마저 사랑하며, 미소와 함께 끝을 받아들이는 것입니다. 3장은 삶에 대한 절망과 사랑이 불가분의 관계임을 깨닫고, 희망 없는 삶에 대한 경탄에 찬 긍정을 통해 인간 존재의 가장 비극적인 조건 속에서 가장 위대한 행복을 쟁취하는 반항의 완성을 제시합니다.

41

가장 근본적인 물음은 '삶이 가치 있는가'이다

정말 심각한 철학적 문제는 단 한 가지뿐이다. 그것은 자살이다. '삶이 살아갈 가치가 있는가, 없는가'를 판단하는 것이 철학의 근본적인 물음에 답하는 일이다.

다른 질문들, 세계가 삼차원인지, 정신이 아홉 혹은 열두 범주로 되어 있는지 하는 것들은 그 다음이다. 그러므로 우리는 먼저 이 질문에 대답해야 한다.

이 근본적인 물음은 일상이 무너지는 지점에서 불현듯 찾아온다. 매일의 습관적인 삶 속에서 문득 '왜?'라는 질문이 터져 나올 때, 우리는 시간의 흐름이 삶의 마지막 순간으로 우리를 밀어 넣고 있음을 깨닫게 된다.

세계는 냉담하고, 인간은 합리성을 갈망하지만, 그 둘 사이에는 메울 수 없는 간극이 있다. 이 간극, 즉 인간과 삶 사이의 불화야말로 부조리의 감정 그 자체이다.

42

물음 자체를 파괴하는 자살은 답이 될 수 없다

　부조리를 마주하는 순간 인간은 두 갈림길에 선다. 하나는 자살이고, 다른 하나는 수용이다. 삶이 무의미하다고 판단하는 사람은 자신을 없앰으로써 문제를 해결했다고 믿는다. 하지만 자살은 답이 아니다. 그것은 문제를 해결하기는커녕 물음을 파괴하는 것이다.

　자살은 본질적으로 부조리의 한쪽 항을 무너뜨리는 행위이다. 부조리는 인간의 갈망과 세계의 침묵이라는 두 요소로 이루어져 있는데, 자살은 그 갈망하는 인간을 제거함으로써 관계를 끊어버린다. 이는 부조리를 회피하는 일일 뿐, 부조리에 정면으로 맞서는 유일한 결단인 '반항'이 아니다.

　우리는 부조리를 없애는 것이 아니라, 오직 그것을 유지하고 그 속에서 맑은 의식을 가지고 살아가야 한다. 자살은 우리에게 주어진 유일한 진실인 부조리한 삶 자체를 부정하는 기만적인 행동이다.

43

삶에 굴복하지 않고, 화해 없는 의식을 유지하라

자살은 아무것도 해결하지 않는다. 그것은 다만 질문 자체를 없애버릴 뿐이다.

자발적으로 죽는다는 것은, 본능적으로라도 우리의 습관이 얼마나 덧없고, 살아야 할 근본적인 이유가 없으며, 일상의 부산함이 얼마나 어리석은지, 고통이 얼마나 쓸모없는지 알게 되었다는 것을 전제로 한다. 자발적으로 죽는다는 것은, 삶에 패배했다고 인정하거나, 삶이 덧없다는 사실을 이해하지 못했다고 고백하는 것이다.

부조리를 인식한 인간에게 요구되는 것은 화해 없는 의식(意識)이다. 자살은 이 의식을 스스로 끊어버리고 부조리한 조건에 굴복하는 행위이다. 인간의 존엄은 바로 이 굴복을 거부하고 맑은 의식을 유지하는 데 있다.

44

삶의 무의미에 맞서는 반항이 유일한 용기이다

부조리를 진지하게 받아들이는 것은 자살을 거부하는 것이다. 그것은 의지하지 않고 살아가고, 의미의 부재를 견뎌내는 일이다. 이것이 진정한 용기다. 말 없는 세계와 끊임없이 대면하는 존재 그 자체가 인간의 위대함이다.

이러한 진정한 용기는 끊임없이 삶의 무의미에 맞서는 '반항'의 형태를 띤다. 반항은 부조리를 해소하려 하지 않고, 오히려 그 존재를 영원히 유지하겠다는 실존적인 맹세이다.

삶은 의미가 없을수록 더욱더 값지다. 자살이 쉬운 문제 해결이라면 산다는 건 어려운 길이다. 그러나 바로 이 어려움 속에 인간의 진리가 있다. 부조리를 부정하지 않고 짊어지고 가는 것, 이것이 인간의 존엄이다.

45

거짓된 희망을 죽이는 것이
진정한 자유이다

내가 죽이는 것은 인간이 아니라 거짓된 희망이다. 우리가 싸우는 대상은 타인이 아니라, 삶의 무의미를 인정하지 못하고 영원한 구원에 매달리는 환상이다. 이 환상이 곧 인간의 자유로운 삶을 옥죄는 족쇄이기 때문이다.

내가 파괴하고자 하는 것은 육체가 아니라, 그들이 숨기고 있는 위선이다. 이 위선이란 세계의 냉담한 침묵을 외면하고, 의미가 없는 곳에서 억지로 의미를 찾아내려 애쓰는 지적인 부정직함이다.

부조리를 인식하는 순간, 우리는 비로소 이러한 기만적인 도피처들을 모두 허물어버릴 용기를 갖게 된다. 진정한 자유는 모든 초월적 약속이 사라진 지금 이 순간을 맑은 의식으로 마주할 때 시작된다.

46

불가능을 향해 나아가
습관 아닌 긴장을 쟁취하라

인간은 불가능 없이도 행복할 수 있다는 건, 틀린 생각이다. 행복은 오직 불가능을 향해 나아갈 때만 존재한다. 더 이상을 바라지 않는 행복은 단지 습관일 뿐이다.

부조리한 인간은 자신의 유한성과 한계를 알지만, 결코 그 한계에 안주하지 않는다. 그는 '모든 것을 경험'하고자 하는 열망, 즉 양(量)의 삶을 선택함으로써 자신에게 주어진 시간을 최대한으로 확장하려 한다.

행복은 바로 이 부조리한 조건과 영원히 화해하지 않고, 끊임없이 대결하며 스스로를 넘어서려는 실존적 긴장 속에서 탄생한다. 습관이 주는 안락함은 삶의 진실을 외면하는 것이지만, 불가능을 인식하면서도 그 불가능을 향해 돌진하는 반항적 행위만이 진정한 삶의 가치를 쟁취한다.

47

죽음을 바라본다는 것은
삶을 사랑한다는 것이다

    죽음은 언제나 가까이 있다. 태양은 그것을 삼켜버린다. 죽음 앞에서 삶은 더욱 격렬하게 나타난다. 죽음을 바라본다는 것은, 삶을 사랑한다는 것이다. 순간이 절대적인 것이 된다.

    죽음의 확실성, 곧 삶의 유한성은 모든 환상과 미래의 약속을 제거하는 가장 강력한 척도이다. 삶이 언젠가 끝난다는 냉혹한 진실을 알기에, 우리는 양(量)의 윤리를 따르게 된다. 영원의 약속에 기대어 삶의 질을 재는 대신, 지금 이 순간을 최대한 많이, 깊이 있게 경험하고자 열망하는 것이다. 죽음은 우리에게 남아 있는 유일한 시간인 현재를 붙잡고 열정적으로 행동할 것을 명령한다.

    죽음은 한계이지 위협이 아니다. 완전히 산다는 것은 끝을 받아들이는 것이다.

48

하루하루는 꺼져가는 빛이니
영원으로 도피하지 마라

    죽음은 삶을 비춘다. 죽음을 생각하는 것은 순간을 사랑하는 일이다.
    시간은 선물이 아니라 도피다. 하루하루는 절대적이다. 죽음은 삶을 더욱더 강렬하게 만든다. 시간은 꺼져가는 빛이다.
    시간은 우리에게 '영원(永遠)'이라는 환상을 심어주며, 지금의 고통으로부터 도망치게 한다. 우리는 미래에 대한 거짓된 희망이나 초월적인 구원에 기대어 현재의 부조리를 무시하려 한다. 그러나 부조리를 인식한 인간에게 있어 시간은 곧 파괴자이자 소멸의 증거이다. 그러므로 우리는 영원에 의지하지 않고, 오직 꺼져가는 이 빛(시간)을 붙잡아 매 순간을 반항적으로 긍정해야 한다. 시간이 선물이 되는 유일한 방식은, 그것이 유한함을 인정하고 모든 날을 '절대적인 날'로 인식하는 데 있다.

49

불멸을 원하는 자들은
사는 것을 잊고 만다

　죽음은 스캔들이 아니라 척도이다. 죽지 않을 것처럼 사는 것은 거짓이다. 우리가 죽기 때문에 하루하루가 소중한 것이다.
　죽음은 확실하지만, 그것이 본질은 아니다. 불멸을 원하는 사람은 사는 것을 잊는다. 끝을 받아들이는 것이 매 순간을 더 생생하게 만든다.
　영원이나 미래의 구원에 대한 믿음은 삶의 강렬함에서 벗어나려는 비겁한 시도일 뿐이다. 부조리한 인간은 희망이라는 환상을 제거하고, 오직 구체적인 것, 즉 눈앞에 펼쳐진 세계와 경험에만 집중한다. 영원한 미래가 없으므로 현재의 경험이 곧 절대적인 가치를 가진다.

50

죽음이 최종적인 호소이기에
지금 여기에 모든 것을 쏟아라

죽음은 유일한 확실성이고, 그 외의 것은 환상이다. 죽음을 생각하는 것은, 삶을 더욱 강렬하게 만드는 일이다. 하루하루를 죽을 사람처럼 살아라.

이것은 곧 삶에 대한 '충실성'을 요구하는 실존적 명령이다. 초월적인 것을 바라지 않고, 오직 지금 여기에 모든 것을 쏟아부어 경험하는 것, 이것이 우리가 부조리한 세계에 바치는 유일한 경의이다.

죽음 앞에서 인간은 더 이상 추상 속에 살지 않는다. 그는 다시없을 단 한 번뿐인 지금 이 순간에 존재한다. 죽음은 삶을 짓누르지 않고 삶을 깨운다. 죽음을 정면으로 바라보는 자만이 진정으로 사는 것이다. 죽음이 삶을 향한 최종적인 호소이기 때문이다.

51

운명보다 강한 당신의 선택, 죽음은 마지막 자유가 된다

죽음은 우리의 마지막 자유다. 우리는 그 순간을 마주할 때 자신의 태도를 선택할 수 있다.

인간의 존엄은 최후의 순간에 드러난다. 죽음은 우리의 의지와 무관하게 찾아오는 궁극적인 운명이지만, 이 운명 앞에서 '아니오'라고 말할지, '예'라고 말할지는 오직 우리에게 달렸다.

부조리를 인식하고 자신의 삶에 충실했던 인간은 죽음 앞에서 도망치거나 절망하지 않고, 그 운명적인 순간마저 의식적으로 껴안는다. 이것은 운명에 대한 수동적인 체념이 아니라, 자신의 유한한 삶 전체를 스스로 완성하는 비극적 영웅주의이다. 바로 이 최후의 선택을 통해 인간은 삶의 무의미를 초월하여 진정한 승리를 쟁취한다.

52

절망과 사랑의 동반,
이것이 유일한 지혜이다

    삶의 도취는 죽음에 동의하는 데서 생겨난다. 삶을 사랑하는 것은, 그것을 파괴하는 시간마저 사랑하는 것이다. 유일한 지혜는 사랑하는 것이다. 삶의 이유라 부르는 것은 동시에 죽음의 이유이기도 하다.

    부조리를 인식하고 초월적 희망을 거부한 인간에게 사랑은 유일하게 남은 가치이며, 이는 미래의 약속이 아닌 현재의 충만함 속에서 발견된다. 이처럼 절망적인 조건 속에서 삶의 기쁨을 쟁취하는 것은 단순하고 제약된 삶 속에서 절망과 사랑이 동반하는 역설적인 과정이다. 우리는 삶이 무의미함을 알지만, 그 사실에도 불구하고, 혹은 그 사실 때문에 더욱 뜨겁게 세계를 껴안는다.

53

거짓 희망을 걷어낸 고통 속에서
명료함을 얻는다

고통은 삶의 일부다. 빛은 고통을 드러낸다. 고통 속에서 우리는 더욱 강해진다. 고통을 겪는다는 것은 우리가 살아 있음을 느끼는 것이다. 빛은 고통에 의미를 부여한다.

고통은 종종 세계가 주는 감각적이고 구체적인 경험과 연결된다. 지중해의 뜨거운 태양이 삶의 눈부신 아름다움과 동시에 고통을 드러내듯, 우리는 고통을 통해 세계의 냉담한 진실을 가장 정직하게 직시하게 된다. 이는 거짓된 희망의 안락함에서 벗어나, 고통스러운 현실의 명료함 속에서 삶의 진정한 무게를 짊어지는 행위이다. 우리는 고통 속에서 자신의 한계와 유한성을 깨닫고, 그럼에도 불구하고 반항하며 존재를 이어가는 실존적 힘을 얻는다.

54

운명보다 내가 강하기에 시지프는 미소 지을 수 있다

    신들은 시지프에게 끝없이 바위를 굴리라는 형벌을 내렸다. 우리는 각자의 바위를 굴리는 삶을 받아들여야 하지만, 미소를 지으며 해야 한다. 시지프가 행복하다고 상상해야 한다.

    시지프의 진정한 승리는 바위가 산 아래로 굴러 내려간 후, 그가 다시 산 아래로 걸어 내려오는 순간에 있다. 이 하강의 시간이야말로 그가 자신의 운명을 가장 맑은 의식으로 직시하고 숙고하는 시간이기 때문이다. 그는 자신의 형벌이 무의미함을 알지만, 바로 그 지점에서 자신의 운명보다 자신이 더 강하다는 것을 깨닫는다. 그는 절망과 무관심으로 가득 찬 세상의 질서를 경멸함으로써 운명에 저항하고, 자신의 노력을 스스로의 소유로 만든다. 그러므로 이 형벌은 그에게서 빼앗을 수 없는 인간의 고유한 실천이 된다.

55

오래 지속될 필요는 없다, 중요한 것은 불타는 삶이다

중요한 것은 가능한 한 오래 사는 것이 아니라, 최대한 충만하게 사는 것이다. 지속의 반대는 순간순간 쌓아올린 셀 수 없이 많은 경험이다.

부조리를 인식한 인간은 영원이 아닌 현재에 전적으로 헌신한다. 그는 영원의 환상에 기대어 시간을 낭비하지 않고, 존재의 질(質)보다는 경험의 양(量)을 극대화해 삶을 풍요롭게 한다. 지속은 '모든 것이 결국은 무너진다'는 부조리한 진실을 회피하려는 헛된 시도일 뿐이다. 우리의 윤리는 '호소 없이' 이 순간을 붙잡아 불태우는 데 있다.

행동하는 인간, 정복자는 자신의 승리가 일시적이며 자신의 제국이 연약하다는 것을 안다. 그러나 그럼에도 그는 행동한다. 그에게 중요한 것은 오래 지속되는 것이 아니라 불타는 것이다. 그는 죽음을 피하지 않고 열정적으로 죽음을 향해 다가간다.

56

시간이 빼앗을 수 없는 늙음은
반항의 기록이다

    부조리한 인간은 미래의 허황된 희망을 거부하기에, 그의 유일한 진정한 소유는 과거에 축적된 경험뿐이다. 이 기억의 깊이는 단순히 흘러간 시간이 아니라, 우리가 반항하며 획득한 자유의 증거이자 흔적이다.

    시간이 우리에게서 삶을 빼앗아갈지라도, 우리가 경험하고 사랑했던 모든 순간의 풍요로움은 파괴되지 않고 내면에 남아 현재를 지속적으로 풍요롭게 하는 힘이 된다. 따라서 늙음이란 단순한 소멸이 아니라, 의식적인 반항의 기록이 쌓여가는 과정이다.

    시간은 파괴하지만 동시에 세우기도 한다. 늙는다는 것은 기억의 층을 쌓아가는 것이다. 잃어버린 순간들이 쌓여서 깊이가 된다.

57

성숙이란 안정된 해답 없이
불확실 속에 서는 것이다

부조리한 삶은 인간의 갈망과 세계의 무관심이라는 두 개의 끊임없는 힘이 충돌하는 장소이다. 진정한 실존적 자세는 이 두 힘 사이의 팽팽한 긴장을 해소하려 하지 않고, 오히려 그 중심에 서서 양쪽을 동시에 긍정하는 데 있다. 이는 안정적인 해답을 찾으려는 도피를 거부하고, '모든 것이 결국 무너질 것'이라는 냉혹한 진실 위에서 지속적으로 흔들림을 감수하는 용기이다. 오직 이 불안정한 균형 속에서만 인간은 삶의 모든 면을 명료하게 보고 받아들일 수 있다.

균형은 언제나 불안정하다. 성숙이란 불확실 속에 서 있는 것이다. 흔들림을 받아들이는 사람은 걷는 법을 배운다.

58

무익한 갈망을 포기하고,
절제로 고귀함을 쟁취하라

타락은 초월적 해답이나 거짓된 희망에 의지해 자유를 스스로 포기하는 행위이다. 영원한 구원을 갈망하는 마음은 유한한 인간적 조건을 부인하고, 결국 현재의 삶을 파괴한다. 절제는 이 무익한 갈망을 거부하고, 자신의 인간적 경계 안에서 만족하는 지혜이다.

우리는 끝없는 가능성 대신 현세가 제공하는 구체적인 경험의 단순함을 받아들인다. 그리하여 무한을 향한 영혼의 요구를 스스로 제어함으로써 가장 정직한 인간으로서의 존엄을 쟁취하게 된다.

진정한 고귀함은 자신을 타락시키는 것을 포기할 때 얻어진다. 절제, 그것이 진정한 고귀함이다.

59

허황된 약속과 거짓된 위안 없이
삶의 무의미에 맞서야 한다

    빛은 세상을 정당화하기에 충분하다. 세상의 모든 아침에는 행복의 약속이 있다. 기쁨은 삶에 대한 충실함이다.
    부조리를 인식하는 행위는 초월적인 질서와 영원한 의미를 제거하는 일이었지만, 동시에 순수한 현세의 놀라운 아름다움을 온전히 드러낸다. 이 경탄은 거짓된 희망을 거부하고 오직 지금 여기의 삶에 모든 것을 내어주는 충실성의 자연스러운 결과이다. 세상의 무의미를 알면서도 그 아름다움에 기꺼이 참여하는 것이야말로, 부조리를 껴안고 살아가는 인간이 획득하는 최종적인 현세적 지혜이다.
    충실성이란 미래의 허황된 약속을 거부하고 오직 지금 여기의 삶에 모든 것을 내어주는 실존적 맹세이다. 기쁨은 이처럼 거짓된 위안 없이 삶의 무의미에 맞서는 반항적 의식에서 탄생한다.

60

가난이 선물한 결핍 속에
진정한 명료함이 있다

나는 가난이라는 학교에 들어갔다. 그러나 가난은 나에게 불행이 아니었다. 그것은 기회였다. 가난 속에서 사는 것에는 어떤 명료함이 있다. 가난은 우리에게 거짓된 희망과 초월적인 환상을 제거할 것을 강요한다. 모든 것을 소유하려는 무익한 갈망이 사라질 때, 우리는 오직 지금 이 순간과 눈앞의 구체적인 경험에만 집중하게 된다.

이처럼 결핍은 삶의 유일한 확실성인 유한함과 고독을 정직하게 직시하게 만드는 힘이다. 명료함은 바로 이 절제되고 제한된 삶 속에서, 세계의 순수한 감각적 아름다움을 온전히 껴안을 때 비로소 획득된다.

불완전함은 삶의 조건이다. 결핍은 미래의 길을 연다. 불완전함을 거부하는 것은 삶을 거부하는 것이다.

61

자신을 초월해 근원과 연결될 때 충만한 완성을 이룬다

그는 근원이었고, 자신은 그로부터 시작된 또 다른 인간이었다. 이처럼 세계의 궁극적인 아름다움과 무관심을 긍정할 때, 인간은 비로소 자신을 초월해 근원과 연결된 존재로서 자유롭고 충만한 완성을 이룬다.

충만한 기쁨은 모든 것이 결국은 무의미하다는 절망과 세계에 대한 뜨거운 사랑이 동반하는 현세적 지혜에서만 탄생한다. 이것은 어떤 영원한 질서에 대한 희망을 품는 것이 아니라, 오직 순간의 절대적 가치를 인식하고 삶의 모든 것을 태우는 반항적 행위를 통해 쟁취된다. 이는 절망과 사랑이 동반하는 단순하고 제약된 삶 속에서 얻어지는 최종적인 지혜이다.

4장

고독 속에 홀로 서서
주체적인 반항을
시작하라

4장은 부조리의 조건과 죽음을 수용한 인간이 이제 외부의 구속으로부터 벗어나 홀로 서는 과정을 다룹니다. 이 고독은 인간을 황폐하게 만드는 고립이 아니라, 타인의 시선과 사회적 가면으로부터 벗어나 진정한 자신에게로 돌아가게 하는 은밀한 조국입니다. 외부 세계의 무관심을 직시한 인간에게 고독은 내면의 침묵을 듣고, 거짓된 의미나 종교적 위안을 거부하며, 스스로의 불안정한 균형을 감당할 수 있는 주체적인 자유를 획득하게 하는 출발점이 됩니다.

이 자유를 바탕으로 인간은 '반항'이라는 실존적 행동을 시작합니다. 부조리 속에서의 반항은 세계를 부정하는 허무주의가 아니라, 오히려 무의미한 세계에 충실하겠다는 적극적인 긍정이며, 인간이 스스로 의미를 부여하는 창조적 행위의 시작입니다. 반항은 부조리를 해소하려 하지 않고, 그 존재를 영원히 유지하겠다는 실존적인 맹세이며, 현재의 삶에 대한 가장 격렬한 찬사가 됩니다.

인간은 감옥이나 죽음 앞에서도 자신의 태도를 선택할 수 있는 최후의 자유를 지닙니다. 이 존엄한 자유는 미래의 구원에 의존하지 않고 '지금 여기'의 삶에 모든 것을 내어주는 충만한 힘이 됩니다. 자신의 삶을 파괴하는 시간마저 사랑하며 끝을 받아들이는 그 순간, 인간은 자신의 운명보다 더 강한 의식으로 삶의 의미를 스스로 만들어내는 창조자로 거듭납니다.

결국 4장은 고독 속에서 자신을 되찾고, 거짓말하지 않을 수 있는 힘을 획득하는 과정을 제시합니다. 진실된 행동, 즉 부조리를 껴안고도 경탄과 감사로 행복을 쟁취하겠다는 의지적 결단이야말로 이 장이 제시하는 인간의 위대한 도전이며, 이는 절망과 사랑이 동반하는 단순하고 제약된 삶 속에서의 반항의 완성입니다.

_____

_____

_____

_____

62

증인이 없는 고독에서
진정한 자유가 시작된다

나는 나의 고독에서 멀어지지 않는다. 나는 그 안에서 나 자신을 다시 발견한다.

고독은 인간을 자기 자신에게로 되돌려준다. 혼자 있는 것은 자유로워지는 것이다.

부조리를 인식한 인간은 타인의 거짓된 희망이나 초월적인 위안을 거부하고, 이제 홀로 서는 존재가 된다. 자유는 바로 이 모든 속박이 제거된 상태이며, 아무것도 약속되지 않았기에 인간이 완전히 독립적인 존재임을 깨닫는 것이다. 이 고립된 공간 속에서 인간은 세계의 무관심을 오롯이 직시하고, 오직 현재의 삶에 충실할 수 있는 실존적 힘을 획득한다.

자유는 증인이 없는 상태이다. 고립 속에서 우리는 더 강해진다. 고독은 자신과의 화해다. 자유는 혼자 있을 때 시작된다.

63

나는 타인이 보는 나지만, 내가 선택한 내가 되어야 한다

고독은 비밀스러운 조국이다. 모든 인간은 자신 안에 어둠의 한 부분을 지니고 있다.

이 어둠은 곧 우리가 사회적 역할과 집단적 위선 속에 숨겨 온 자아의 진실이다. 우리는 타인의 시선이 만들어낸 허위의 삶 속에서 스스로를 잃어버리지만, 고독은 우리를 이 기만적인 역할극으로부터 벗어나게 한다. 부조리를 정직하게 응시하는 자는 타인의 판단에 기대지 않고, 자기 내부의 진실과 존재의 비합리성을 오롯이 껴안을 수 있게 된다.

나는 타인이 보는 나지만, 내가 선택한 내가 되어야 한다. 타인의 시선은 우리를 구속한다.

64

공허를 감수하고,
호소 없이 버텨야만 한다

자유롭다는 것은 고독을 허락하는 것이다. 고독은 자유의 조건이다. 그러나 고독에는 공허라는 위험이 도사리고 있다.

부조리를 인식한 인간은 더 이상 초월적인 질서나 미래의 약속에 의지할 수 없다. 이로 인해 찾아오는 공허는 우리를 부조리 인식으로부터 도망치게 만드는 유혹이다. 이 유혹에 굴복하여 부조리를 지워버리는 행위, 즉 거짓된 희망을 통해 위안을 구하는 것이 바로 '철학적 자살'이다. 우리는 이 도피를 거부하고, 오직 부조리의 두 항(갈망과 침묵) 사이의 불안정한 긴장을 온전히 감내해야 한다.

호소 없이 살아가는 법을 배워야 한다. 존재의 불안정한 균형 속에서 버텨야 한다. 외부로부터 오는 모든 위로는 자기 자신에 대한 배신이다.

65

자유는 권리가 아니며, 투쟁하는 실천으로 쟁취된다

자유란 자유로워지기를 바라는 것이 아니라 자유롭게 존재하는 것이다. 사람은 자유롭게 태어나는 것이 아니라, 자유롭게 되는 것이다.

부조리를 인식한 인간에게 자유는 하늘에서 부여받은 권리가 아니라, 거짓된 희망과 초월적인 구원을 거부함으로써 스스로 쟁취해야 하는 실존적인 투쟁의 결과이다. 우리는 삶의 무의미와 유한성을 맑은 의식으로 직시하고, 주어진 운명에 끊임없이 반항하는 의지적 행동을 통해 매 순간 자유로운 존재임을 증명한다. 따라서 진정한 자유는 부조리한 조건과 불화하는 순간에도 책임을 지고 행동하는 데서 탄생한다.

자유롭게 되는 것은 정체된 상태가 아니라 지속적인 실천이다. 또한 이는 인간이 스스로의 삶을 선택하고 창조하는 유일한 길이다.

66

침묵이 존재를 모아주기에
창조의 힘은 거기서 나온다

침묵은 부재가 아니라 존재다. 말은 흩뜨리고 침묵은 모은다. 생각할 가치가 있는 모든 것은 침묵에서 나온다.

부조리한 삶을 직시한 인간은 사회적 소음과 군중의 덧없는 의견에 의존하지 않는다. 말(言)은 종종 타인에게 순응하거나 진실을 회피하기 위한 도구로 사용되지만, 침묵은 자신의 존재의 핵심과 세계의 근원적인 무관심을 오롯이 대면하게 한다. 고독 속에서 비로소 우리는 외부의 허위가 아닌, 내면의 진실을 듣고 자신의 운명을 온전히 껴안을 수 있는 힘을 기르게 된다.

고독은 고립이 아니라 자기 자신으로 되돌아가는 것이다. 군중은 흩뜨리고, 침묵은 모은다. 창조한다는 것은 혼자 있는 법을 배우는 것이다.

67

긴 침묵 끝에서야 비로소
정직하고 강한 말이 나온다

침묵은 비어 있지 않다. 그것은 기다림이다. 말하지 않는다는 것은 말이 더 자라도록 두는 것이다. 모든 강한 말은 긴 침묵에서 나온다.

부조리한 세계에 대한 인간의 반항은 단순한 외침이 아니라, 깊은 침묵 속에서 숙고된 후에 나오는 정직하고 명료한 언어여야 한다. 초월적 해답을 거부하고 부조리한 조건을 인내하는 침묵이야말로 거짓말하지 않을 힘을 길러준다. 마찬가지로, 인간의 위대함은 최종적인 승리(구원)를 쟁취하는 데 있는 것이 아니라, 무의미한 세계에 맞서 지속적으로 투쟁하는 반항적 자세 그 자체에서 비롯된다.

인간은 말하는 것보다 말하지 않는 것으로 더 인간적이다. 인간은 승리보다 투쟁 속에서 더 인간적이다.

68

제도의 위안을 버리고,
세상의 무관심을 직시하라

 자신에게서 도망치는 것은 가장 큰 거짓말이다. 제도는 위안을 주지만 우리를 잠들게 한다. 용기란 우회하지 않고 자신을 바로 보는 것이다.
 나는 나의 고독으로부터 멀어지지 않는다. 나는 그곳에서 나 자신을 찾는다. 나는 세상의 부드러운 무관심에 처음으로 마음을 열었다.
 마치 이 커다란 분노가 나를 악에서 정화하고, 희망을 비워낸 것처럼, 수많은 징조와 별들로 가득한 이 밤 앞에서, 나는 세상의 부드러운 무관심에 처음으로 마음을 열었다.

69

경탄하는 자세로
순수한 현재에 충실해야 한다

물러갔다가 다시 돌아오는 바다보다 더 충실한 것은 없다. 인간은 바다 앞에서 지키는 침묵으로 자신의 위대함을 가늠한다.

우리는 이 영원하고 무관심한 자연의 리듬 앞에서, 미래의 환상을 요구하지 않고 순수한 현재만을 긍정하는 경탄의 자세를 배운다. 인간이 지켜야 할 침묵은 이처럼 세상의 근원적인 무관심을 인정하는 행위이며, 자신의 유한성을 겸허하게 직시하는 고독의 최고 형태이다.

이 정직한 침묵 속에서 인간은 외부의 소음과 거짓된 의미로부터 벗어나, 오직 자신의 의식으로 자신의 위대함을 가늠한다. 이 위대함은 삶에 대한 충실성이자 부조리한 세계에 대한 반항의 시작이다.

70

부조리에 대한 인식은
반항, 자유, 정열을 낳는다

    중요한 것은 사는 것이다. 그리고 나는 부조리로부터 '나의 반항, 나의 자유, 나의 정열'이라는 세 가지 결론을 끌어낸다.

    부조리의 인식이 끝나는 지점에서 삶은 역설적으로 시작된다. 반항은 부조리한 조건을 인정하면서도 그것에 굴복하지 않고 끝까지 맞서는 의지이며, 삶의 가장 격렬한 찬사가 된다. 자유는 초월적인 희망과 도피를 거부함으로써 지금 여기의 삶에 전적으로 헌신할 수 있는 실존적 독립을 의미한다. 정열은 유한한 시간 속에서 경험의 양(量)을 극대화하려는 뜨거운 열망으로, 삶의 모든 순간을 절대적인 것으로 태우라는 명령이다.

    반항한다는 것은 삶을 부정하는 것이 아니다. 반항은 충실함이다. 반항은 부조리에 의미를 부여한다. 반항한다는 것은 세상에 '예'라고 말하는 것이다. 반항은 절망이 아니다.

71

절망과 희망을 모두 거부하고
허무 속 용기를 택하라

　사건에 절망하는 사람은 비겁한 자이지만, 인간 조건에 희망을 가진 사람은 미친 자다. 부조리한 인간에게는 절망도 희망도 도피의 방식에 불과하다. 사건에 절망하는 것은 고통이라는 구체적인 현실을 회피하고 삶을 포기하는 비겁한 체념이다. 반면, 인간 조건, 즉 삶의 근원적인 무의미와 죽음에 초월적인 희망을 거는 것은 현실의 진실을 외면하는 지적인 부정직함이다.
　진정한 용기는 이 양극단을 모두 거부하고, 허무를 응시하며 그 속에서 반항을 통해 삶의 가치를 스스로 창조하는 데 있다. 우리는 절망에 빠지지도, 거짓 희망에 기대지도 않으며, 오직 지금의 삶에 충실할 것을 반항으로 선언해야 한다.

72

삶보다 강한 것은
오직 태도로 지킨 존엄뿐이다

삶은 빼앗을 수 있어도 존엄성은 빼앗을 수 없다. 최후의 자유는 태도의 자유다. 심지어 속박되어도 인간은 자기 의미의 주인이다.

인간의 육체와 시간, 그리고 미래는 부조리한 운명과 폭력적인 외부의 힘에 의해 파괴될 수 있지만, 의식적인 자아가 지닌 반항의 힘만은 결코 침해할 수 없다. 죽음이나 감옥과 같은 극한의 속박 속에서도, 인간은 그 운명을 체념으로 받아들일지, 혹은 멸시와 함께 껴안을지를 선택할 수 있다. 이 내면적인 선택이야말로 인간이 마지막 순간까지 지키는 존엄의 근거이며, 자신이 겪는 모든 고통에 의미를 부여하는 창조적 행위가 된다.

이처럼 부조리한 인간은 운명보다 더 강한 의식으로 자신의 삶을 완성하며, 결코 굴복하지 않는 태도를 통해 영원한 승리를 쟁취한다.

73

의미는 주어지지 않으며, 창조로 삶을 정당화한다

의미는 주어지는 것이 아니라 만들어내는 것이다. 목적을 찾는 것은 헛된 일이며 그것을 창조해야 한다. 인간은 삶을 스스로 만들어냄으로써 자신의 삶을 정당화한다.

부조리를 인식한 인간은 세계의 무의미를 알기에, 더 이상 외부의 권위나 초월적 해답에 기대지 않는다. 의미가 없는 곳에서 억지로 의미를 찾는 대신, 그는 주어진 조건(부조리) 위에서 반항이라는 창조적 행위를 시작한다. 이 창조는 예술일 수도, 도덕적 행동일 수도 있으며, 매 순간 자신의 선택에 전적으로 책임을 지고 살아가는 태도일 수도 있다. 바로 이 반항적이고 의식적인 노력을 통해 인간은 자신의 유한한 삶을 불멸의 가치로 승화시킨다.

창조하는 것은 두 번 사는 것이다. 삶은 당신의 모든 선택의 총합이다.

74

진리는 정복해야 할 대상이며, 투쟁을 통해서만 획득된다

진리는 신비롭고, 영원히 정복해야 하는 것이다. 자신 안에서 진리를 향한 노력이 없으면 진리를 사랑할 수 없다.

부조리한 인간에게 진리는 초월적인 계시나 영원히 정지된 해답이 아니다. 진리는 인간의 이해를 벗어난 세계의 침묵 속에서 끊임없이 도망치며, 따라서 실존적인 반항과 지적인 정직함을 통해 매 순간 다시 포착되어야 한다.

진리를 향한 투쟁은 곧 거짓된 위안과 기만적인 희망을 거부하고, 삶의 근원적인 무의미를 인내하며 현재에 충실하려는 의지적 노력이다. 이 노력을 멈추는 순간, 우리는 부조리한 진리를 외면하고 다시 허위의 삶으로 돌아가게 된다.

75

거짓말하지 않는 것이
우리에게 진정한 자유이다

진정한 자유는 거짓말하지 않는 것이다. 진정한 부끄러움은 침묵하는 것이 아니라 보호하는 것이다.

거짓말은 종종 삶의 무의미를 덮어버리고 초월적인 희망이나 사회적 위안에 숨으려는 비겁한 행위이다. 그러나 부조리한 인간은 이러한 자기 기만을 거부하고, 세계의 냉담한 진실과 자신의 유한성을 맑은 의식으로 직시하는 정직성을 통해 실존적 자유를 획득한다. 또한 진정한 부끄러움은 고통과 부조리를 외면하고 침묵하는 데 있지 않으며, 오히려 무의미한 운명 속에서도 인간의 존엄성과 가치를 지키기 위해 반항적으로 행동하는 데 있다.

76

행동 없는 모든 생각은
결국 헛된 꿈일 뿐이다

행동으로 이어지지 않는 모든 생각은 헛된 꿈일 뿐이다. 우리는 의도가 아니라 행동으로 평가된다.

운명과 무의미를 알면서도, 그 조건에 순응하지 않고 지금 여기에서 용기 있는 선택을 내리는 것, 바로 이것이야말로 인간이 삶의 가치를 스스로 증명하는 절대적인 윤리이다.

한 번의 용기 있는 행동이 백 번의 비겁함을 지운다. 용기 없는 사랑은 없다.

77

성공이 아닌 노력에
불멸의 의미가 깃든다

　인간의 위대함은 성공이 아니라 노력에 있다. 아무것도 완성되지 못하지만 모든 것은 다시 시작된다. 영원히 끝나지 않을 투쟁을 받아들이고 멈추지 않는 의지로 나아가는 것이야말로 유한한 인간이 불멸의 의미를 창조하는 방식이다.
　가장 중요한 것은 어떤 일이 있더라도 계속해서 나아가는 것이다. 인간은 미지를 탐험하는 존재다. 위험은 위대함의 조건이다. 모험의 실패는 시도하지 않는 것보다 낫다.

78

시련 속 연대의 힘이 있기에
폭풍 속에서도 방향을 유지한다

인간에 절망하는 이는 인간의 위대함을 보지 못하는 눈먼 자다. 불행은 진정한 친구를 드러낸다.

불행이나 시련은 거짓된 희망과 피상적인 관계를 제거하고, 오직 반항적 노력과 정직한 연대만을 남김으로써, 역설적으로 인간 정신의 불멸성과 가장 순수한 형태의 우정을 드러낸다. 영혼의 힘은 '세계의 무관심'이라는 폭풍 속에서도 절망에 침몰하지 않고 스스로 나아갈 방향을 선택하고 유지하는 데 있다.

79

유한한 단 한 번의 삶에
정열적인 충실성을 쏟아라

아름다움이 있고, 아름다움의 굴욕이 있다. 겨울의 태양. 침묵이 지배했다. 도시에서 둔탁한 소문만이 높은 벽 너머로 들려왔다.

부조리를 인식한 인간은 세계의 양면성, 즉 삶의 찬란한 풍요와 그 풍요를 무너뜨리는 죽음의 굴욕을 동시에 껴안는다. 겨울의 태양처럼 차가우면서도 빛나는 명료함 속에서, 우리는 외부의 소음(둔탁한 소문)과 집단적 위선으로부터 스스로를 분리시킨다. 오직 단 한 번의 삶만이 주어졌음을 깨달을 때, 인간은 이 유한성을 초월의 구원으로 도피하는 대신 현세에 대한 정열로 전환시킨다.

나는 단 한 번의 삶만 살 수 있다. 진리의 불꽃은 아직 내 안에서 타오르고 있다! 이 불꽃은 지금 여기를 충만하게 살고자 하는 반항적인 의지이며, 삶에 대한 절대적인 충실성이다.

80

헛된 향수와 갈망을 버리고, 고독 속에서 창조의 동력을 보라

향수란 우리가 한 번도 가본 적 없는 곳을 그리워하는 것이다. 여기서의 향수는 과거의 기억이 아니라, 인간의 의식이 세계의 무관심 앞에서 느끼는 근원적인 이질감을 의미한다. 인간은 영원한 질서와 의미가 있는 고향을 갈망하지만, 부조리한 세계는 그런 곳이 존재하지 않음을 침묵으로 증명한다. 따라서 이 그리움은 헛된 희망으로 끝나지 않고, 고독 속에서 진리를 직시하고 스스로의 가치를 창조하려는 반항적 동력으로 전환되어야 한다.

모든 고독은 꽃이 핀 사막이다. 사막의 황량함이 허위가 제거된 진리라면, 꽃은 그 속에서 부조리를 껴안고도 삶을 긍정하려는 인간의 정열이자 창조적인 노력의 결실이다.

81

벌거벗은 진리 위에
반항으로 가치를 창조한다

　인간은 자신이 감추고 있는 것, 즉 찬란한 비참함이다. 이 찬란한 비참함은 유한한 삶이 지닌 경이로운 아름다움과 그 아름다움을 결국 파괴하는 죽음의 필연성을 동시에 껴안는 인간 존재의 본질이다. 우리는 이 극단적인 대비를 숨기려 하지 않고 정직하게 대면할 때, 비로소 실존적인 존엄을 획득한다.
　사막은 벌거벗은 진리다. 사막은 모든 허위와 환상이 증발하고 초월적 희망이 존재하지 않는 세계의 냉엄함을 상징한다. 고독 속에서 이 벌거벗은 진리를 마주한 인간은, 아무것도 약속되지 않은 삶에 반항과 정열을 쏟아부어 스스로의 가치를 창조하며 위대한 도전을 완성한다.

Albert Camus

5장

태양과 바람처럼
삶의 모든 순간을
긍정하라

4장에서 고독과 반항을 통해 주체적 자유를 쟁취했던 개인은 이제 현실의 세계를 온전히 긍정하는 실천의 장으로 돌입합니다. 부조리 인식은 절망적인 체념이 아니라, 오히려 거짓된 희망을 거부함으로써 현실의 가치를 극대화하는 출발점이 됩니다. 이 5장은 영원한 미래의 구원이나 거창한 목표가 아닌, 지금 여기의 삶 속에서 인간이 어떻게 진정한 행복을 발견하고 삶의 전체를 긍정할 수 있는지를 탐구합니다.

진정한 행복은 영원히 지속될 것이라는 환상을 버릴 때 가능해집니다. 그것은 영원한 목표나 거창한 계획에서 오는 것이 아니라, 햇살, 바람, 바다 같은 일상의 사소하고 찰나적인 기쁨 속에서 태어납니다. 덧없지만 강렬한 순간의 빛에 충실할 때, 인간은 불멸을 꿈꾸는 것보다 훨씬 더 인간적인 방식으로 삶 전체를 긍정하게 됩니다. 현재를 붙잡고 행동 속에서 불타는 것이 유일한 지혜이며, 절망과 사랑이 동반하는 이 제약된 삶 속에서 인간은 경탄과 감사로 행복을 쟁취합니다.

이 장에서 강조하는 삶의 긍정은 자연(대지)과의 재결합을 통해 완성됩니다. 인간은 바다의 끊임없는 반복과 갱신의 리듬 속에서 영원의 얼굴을 엿보고, 계절의 순환 속에서 죽음조차도 하나의 계절일 뿐이라는 것을 배웁니다. 특히 태양의 빛은 아무것도 약속하지 않으면서도 세계를 정당화하는 눈에 보이는 진리입니다. 태양은 비참과 기쁨을 똑같은 빛으로 비추며, 인간에게 고통조차 빛 속에 드러내고 수용함으로써 삶을 사랑하라고 가르칩니다.

대지에 대한 충실함과 현재에 모든 것을 바치는 관대함이야말로 부조리한 삶 속에서 인간이 쟁취할 수 있는 최고의 긍지입니다. 우리는 허무에 굴복하거나 혹은 초월적 희망에 도피하는 대신, 주어진 삶의 조건과 그 속의 모든 고통, 기쁨에 '예'라고 말하는 반항적 긍정을 선택합니다. 5장은 이처럼 자유롭게 행동하고 창조하며 관대하게 사랑하는 삶이 곧 부조리에 대한 인간의 궁극적인 승리이자 가장 인간적인 윤리임을 선언합니다.

82

순간을 사랑하는 사람은
인생 그 자체를 사랑한다

인생 전체를 정당화하기에 충분한 순간들이 있다. 행복은 영원을 필요로 하지 않는다. 강렬함이 필요하다. 순간을 사랑하는 사람은 인생 그 자체를 사랑한다.

아름다움은 지나가는 순간 속에 있다. 아이의 미소 한 번은 영원의 가치가 있다. 찬란함은 짧지만 그것으로 충분하다.

83

오늘의 햇살과 바람 같은
찰나적인 진실에 헌신하자

행복은 작은 충실함으로 이루어진다. 한 줄기 햇살은 약속된 영원보다 더 가치 있다. 큰 행복을 기다리는 사람은 진짜 행복을 놓친다.

미지의 약속에 기대어 현재의 삶을 유보하는 대신, 오늘의 햇살과 바람 같은 찰나적인 진실에 헌신해야 한다. 행복은 도달해야 할 먼 목적지가 아니라, 존재의 모든 순간을 긍정하고 누적해가는 발걸음 그 자체이다.

행복은 작은 것들로 이루어져 있다. 행복은 길의 끝에 있는 것이 아니라 발걸음 그 자체에 있다. 순간을 음미할 줄 아는 것, 그것이 진정한 지혜다.

84

영원은 저 너머가 아닌 순간 속에 있다

영원은 다른 곳에 있는 것이 아니라 지속되는 순간 속에 있다. 영원은 순간 속에 있다. 저 너머에 있는 것이 아니다. 행복한 순간들의 영원 이외에 다른 영원은 없다.

영원이란 덧없는 순간들에 반항적인 의지를 바쳐 절대적인 가치를 부여하는 실존적 태도의 결과이다. 햇살, 바람, 바다가 주는 단순한 기쁨은 수동적인 축복이 아니며, 부조리를 인식한 자만이 그것을 붙잡고 삶의 승리로 만들 수 있다.

존재하는 것만으로도 충분히 행복했다. 행복은 가장 단순한 것들 속에 있었다. 햇살, 바람, 여름 바다, 사랑하는 여인의 미소. 하지만 그는 그것이 쉽게 오는 것이 아니라는 사실을 알고 있었다. 행복은 기다리는 것이 아니었다. 행복은 선택하고 붙잡아야 하는 것이었다.

세상은 아름답다. 삶의 긍지와 대지에 대한 충실함 속에서, 이 세상과 함께 살아야 한다.

85

여름은 고독과 기쁨의 양면성을 가르친다

매 여름은 세상의 재시작이다. 여름은 사람들을 서로에게 열리게 한다. 여름마다 세상은 다시 시작된다.

여름은 단순히 찬란한 기쁨만을 주는 계절이 아니다. 불타는 기쁨 뒤에는 존재의 차가운 고독이 공존하며, 나는 그 양면성 안에서 인간의 운명을 본다. 여름은 끝없는 찬사가 아니다. 불타는 기쁨과 차가운 고독이 공존하는 이 계절은, 우리에게 부조리를 껴안고 삶을 긍정하는 법을 가르친다.

86

자연의 위대한 순환 속에서
유한성을 겸허히 직시한다

   시간은 계절 속에서 드러난다. 여름은 절정이다. 가을과 겨울이 뒤따른다. 순환 속에 끝은 없다. 죽음은 하나의 계절이다.

   영원한 미래의 삶을 기대하는 대신, 우리는 자연의 위대한 순환 속에서 자신의 유한성을 겸허히 직시한다. 죽음은 제거해야 할 공포나 초월해야 할 대상이 아니라, 삶의 절정(여름)을 완성하는 필수적인 단계(계절)임을 깨닫는다. 이 깨달음 속에서 인간은 운명에 대한 체념이 아닌, 시간의 전체를 껴안는 반항적인 환영을 통해 실존적 힘을 획득한다.

87

삶이 직선이 아닌 원임을 알 때 반항적 조화가 시작된다

    매번 돌아오는 봄은 새로운 시작을 증언한다. 시간은 원(圓)이다. 삶은 이 원 속에서 다시 새로워진다.

    삶이 직선적인 진보나 영원한 구원을 향해 나아가지 않음을 인정할 때, 인간은 비로소 현세의 리듬과 조화를 이룰 수 있다. '시간이 원'이라는 깨달음은 유한한 삶의 조건을 숙명적으로 사랑하고, 그 속에서 새로움을 찾아내려는 반항적인 의지를 불러일으킨다. 이러한 조화는 곧 부조리한 세계에 대한 가장 깊은 차원의 긍정이 된다.

    현명한 사람은 계절과 어울려 사는 사람이다. 행복은 계절과 조화를 이루는 것이다.

88

무적의 여름은
운명에 굴하지 않는 반항이다

겨울의 한가운데서, 나는 마침내 내 안에 무적의 여름이 있음을 알게 되었다. 사람은 각자 내면에 '무적의 여름'을 모두 지니고 있다.

삶의 고통과 세계의 냉혹한 무관심이 절정에 달했을 때, 인간은 비로소 외부의 모든 희망과 위안을 거부하고 자기 내면의 힘에 의지하게 된다.

이 '무적의 여름'은 운명에 굴복하지 않고 삶의 모든 순간을 뜨겁게 긍정하려는 의지의 불멸성이며, 부조리한 조건 속에서도 스스로 빛을 내는 반항의 최종적인 형태이다.

89

삶의 고통까지도 사랑하라고
태양은 우리에게 가르친다

세상의 진리는 약속에 있는 것이 아니라 그 빛 속에 있다. 태양은 아무것도 약속하지 않는다. 다만 비출 뿐이다. 태양은 눈에 보이는 진리다.

태양은 고통까지도 맑게 드러내면서, 우리에게 그 모든 것을 포괄해 삶을 사랑하라는 반항적인 긍정을 가르친다. 나는 태양을 사랑한다. 태양은 내 살을 태우지만 내 영혼을 밝힌다. 햇빛은 언제나 내 편에 선 증인이었다.

90
맑은 명료함 속에서만
자유로운 반항을 실천할 수 있다

    명료함은 태양의 가장 가까운 상처다. 명료함은, 그것 없이는 다른 모든 덕목들이 죽어버리는 덕목이다. 부조리란 자신의 한계를 인정하는 명료한 이성이다.
    이 명료한 의식이야말로 인간을 '철학적 자살'과 '절망적인 체념'으로부터 지켜내는 유일한 방패가 된다. 고통을 수반하더라도, 우리는 이 맑은 명료함 속에서만 삶에 대한 충실성을 지속하고 자유로운 반항을 실천할 수 있다.

91

호소 없이 빛 속에서
온화하게 살아야 한다

　호소 없이 산다는 것은 빛 속에 사는 것이다. 온화함은 인간이 빛과 조화를 이룰 때 생겨난다. 빛은 그것이 받아들이는 것만을 밝힌다.
　호소 없이 산다는 것은 부조리한 삶의 조건을 변명 없이 받아들이고, 거짓된 희망을 통해 운명을 회피하려는 시도를 단호히 거부하는 태도이다. 태양의 빛은 비참함과 기쁨을 같은 강렬함으로 비추듯이, 인간도 삶의 전체를 가리지 않고 명료하게 직시해야 한다. 진정한 온화함은 고통까지도 존재의 필수적인 부분으로 인정하고 이 세상과의 조화를 이루는 데서 비롯된다.
　태양은 비참과 기쁨을 같은 빛으로 밝힌다.

92

태양은 명료함을 가르치고, 환상은 가르치지 않는다

    태양은 숭배할 대상이 아니라 나눌 대상이다. 태양은 명료함을 가르치고, 환상은 가르치지 않는다. 태양의 빛은 모든 반항을 지운다.

    태양은 그림자를 낳지만, 그림자 역시 빛의 증거다. 여름은 세상의 단순함을 가르친다. 세상은 고통을 품고 있다. 여름은 말한다. 받아들여라. 반항하는 것은 세상을 사랑하는 것이다.

    태양은 고통을 지우지 않는다. 하지만 그것에 명료함을 준다. 반항은 세상에 대한 충실함이다.

    미래에 대한 진정한 관대함은 현재에 모든 것을 바치는 것이다. 태양은 나에게 역사가 전부가 아님을 가르쳐준다.

93

고독은 내면의 힘을 찾는
충만한 시간이다

고독은 한낮의 그림자다. 고독은 결핍이 아니라 충만함이다. 혼자 있다는 것은 세상을 만나는 것이다. 부조리한 인간에게 고독은 외부의 거짓된 희망이나 불필요한 소음으로부터 벗어나 스스로의 반항적인 자아를 확인하는 필수적인 시간이다.

태양의 침묵은 어떤 약속도 하지 않는 세계의 무관심 그 자체이며, 이 명료한 침묵을 견뎌낼 때 인간은 비로소 내면의 무적의 여름과 존재의 충만함을 발견한다.

태양의 침묵은 충만함이다. 고독은 인간을 더욱 강하게 만든다. 고독 속에서 우리는 우리 내면의 소리를 들을 수 있다. 태양과 바다 그리고 침묵은 하나의 왕국을 세우기에 충분하다.

94

바다는 자유를 쟁취하는
반항적인 선택이다

    늘 새로워지는 바다는 결코 새로워지지 않는 인간을 위로한다. 바다는 인간이 접근할 수 있는 유일한 영원의 얼굴이다.

    바다의 반복과 영원한 갱신은 유한한 삶을 초월하려는 인간의 헛된 갈망을 잠재운다. 바다는 죽음을 넘어선 초월적인 구원이 아닌, 현세의 순환 속에서 존재의 경이로움을 보여주는 눈에 보이는 진리이다. 수평선이 열린 문이듯, 바다와의 만남은 삶의 조건을 변명 없이 받아들이고 무한 속의 자유를 쟁취하는 반항적인 선택이다.

    바다는 인간을 자유롭게 한다. 수평선은 열린 문이다. 모든 파도는 재시작을 알린다. 바다와 함께 있다는 것은 자유롭다는 것이다.

    바다는 경계를 지운다. 바닷속에서 모든 것은 평등하다. 인간은 무한 앞에서 한없이 작다. 자유는 그것을 느끼는 데 있다.

95

바다는 운명에 맞설 인내를 인간에게 가르친다

바다는 항상 우리에게 같은 것을 가르친다. 다시 시작하라.

부조리한 삶은 영원히 정복할 수 없는 과제와 같다. 따라서 초월적 해답을 기대하며 노력을 중단해서는 안 된다. 바다의 파도처럼, 인간은 무의미한 운명에 맞서 매 순간 새로운 의지로 반항을 재개해야 한다.

바다는 모든 것이 항상 다시 시작된다는 증거다. 항상 다시 시작하는 바다는 우리에게 인내와 꾸준함을 가르친다.

96

자연은 반항과 겸손을
우리에게 모두 다 보여준다

바다는 인내와 반항을 가르쳐준다. 자연은 설명하지 않고 다만 보여줄 뿐이다. 세상의 아름다움은 겸손을 가르쳐준다.

자연은 기억을 간직한다. 나무는 세기를 기억한다. 바다는 신화를 떠올리게 한다. 풍경은 각각 하나의 이야기다. 자연은 새로운 시작을 준비한다. 기억은 역사보다 오래되었다.

지중해 풍경은 기억을 간직한다. 올리브나무는 신을 떠올리게 한다. 바다는 신화를 다시 읽는다. 해질녘은 그때마다 하나의 전설이다. 인간은 역사보다 더 오래된 기억을 만난다. 신화는 지금도 여전히 우리에게 말을 건다.

97

인간은 무엇보다 먼저
대지에 충실해야 한다

　인간은 대지와의 조화 속에서 자신의 위대함을 찾는다. 행복은, 우리가 집에 사는 것처럼 대지에 사는 것이다.

　대지는 우리의 유한한 존재와 부조리한 운명을 변명 없이 규정하는 냉혹하면서도 정직한 어머니이다. 대지에 충실하다는 것은 초월적 희망을 향한 모든 도피적인 갈망을 거부하고, 지금 여기의 삶에 모든 것을 바치는 반항적인 긍지이다. 오직 이 충실함 속에서만 인간은 거짓 없는 행복과 진정한 위대함을 쟁취할 수 있다.

　인간은 무엇보다 먼저 대지에 충실해야 한다. 대지는 우리의 조국이고, 다른 어떤 곳도 그것을 대신할 수 없다. 대지는 사물의 충실함이다.

98
대지는 가치를 창조할 임무를 인간에게 부여한다

대지는 인간을 붙잡고 인간에게 무게를 준다. 돌 하나하나는 세기를 간직한다. 대지는 영원을 증언한다.

대지의 영속성은 덧없는 인간의 삶에 견고한 중심과 중력을 부여한다. 대지에 대한 충실함은 곧 역사의 일시적인 혼란에 흔들리지 않고, 운명의 엄격함을 변명 없이 사랑하는 것이다. 대지는 시간의 유한함 속에서도 삶의 가치를 스스로 창조하고 새로이 쟁취해야 할 반항적 임무를 인간에게 부여한다.

충실함은 오직 대지에만 있다. 대지는 우리보다 앞서 존재했고, 우리보다 오래 살아남을 것이다. 우리는 그것을 엄격한 어머니처럼 사랑해야 한다.

신들은 인간에게 기억과 대지를 남겼다. 거기서부터 모든 것을 다시 만들고 다시 쟁취해야 한다.

99

대지에 발을 딛는 것은
실존적으로 다시 태어남이다

인간은 발을 내디딤으로써 자신의 자리를 알아본다. 대지의 냄새는 단순한 기쁨을 떠올리게 한다. 대지 속에서 인간은 다시 태어난다.

대지에 발을 딛는 행위는 추상적인 사유나 초월적인 희망으로부터 벗어나 현실의 무게와 구체적인 삶의 조건을 온전히 수용하겠다는 의지의 표현이다. 대지의 단순한 기쁨은 덧없는 현세를 정직하게 긍정하는 자에게만 허락되며, 이 실존적 갱신 속에서 인간은 부조리한 세계를 껴안고 자유롭게 행동할 힘을 얻는다.

100

지금 여기의 삶에
모든 것을 내어주는 충만한 힘

대지는 신들의 부재 속에서 인간에게 남겨진 가장 오래된 기억이자 가장 확실한 조국이다. 현세적 충실성은 이 자연의 품 속에서 매일의 작은 기쁨을 쟁취하고 고통까지도 껴안는 반항적인 선택이다.

영원한 미래를 기대하는 대신, 우리는 지금 여기의 삶에 모든 것을 내어주는 충만한 힘을 발견할 수 있다. 현재를 붙잡고 행동 속에서 불타는 것이 유일한 지혜이며, 경탄과 감사로 이 단순하고 제약된 삶 속의 행복을 쟁취하는 것이 인간의 최종적인 긍지이다.

세상은 아름답다. 삶의 긍지와 대지에 대한 충실함 속에서, 이 세상과 함께 살아야 한다.

101

매일의 아침 빛은
부조리에 대한 최종 승리다

매일 아침, 빛은 우리에게 새로운 시작을 선사한다. 이것이 자연의 충실함이다. 세상의 모든 아침에는 행복의 약속이 있다.

이 약속은 영원한 구원에 대한 신적인 보증이 아니라, 부조리한 운명에 맞서 오늘 하루를 다시 한번 긍정하겠다는 인간 스스로의 반항적인 의지에서 비롯된다. 자연의 변함없는 충실함처럼, 우리도 현재의 순간에 모든 것을 바치는 관대함을 통해 삶의 무한한 가치를 획득한다. 매일의 빛 속에서 삶을 사랑하는 것이야말로 부조리에 대한 우리의 최종적인 승리이다.

Albert Camus

6장

개인적 반항을 넘어
타인과 연대하며
사랑하라

6장은 부조리를 인식하고 고독 속에서 실존적 자유를 쟁취했던 개인이 이제 타인과의 관계와 연대로 나아가는 과정을 다룹니다. 반항하는 인간은 단순히 '아니오'라고 거부하는 자가 아니라, 그 거부 속에 '예'라는 긍정을 담아 자기 안에 존중받아야 할 공동의 존엄이 있음을 선언하는 자입니다. "나는 반항한다, 고로 우리는 존재한다"는 이 선언은 반항이 고립된 행위가 아니라, 모든 인간에게 공통된 본성을 확인하고 타인과 연대하는 소통임을 역설합니다.

이 장에서 강조하는 진정한 연대는 추상적인 이론이나 거짓된 희망 속에서 발생하는 것이 아닙니다. 그것은 고통과 불행을 함께 견뎌낸 침묵 속에서 태어나며, 세계의 무관심과 인간의 유한함이라는 부조리한 조건을 함께 직시할 때 비로소 가능해집니다. 이러한 연대는 고립된 존재였던 인간을 함께 세계의 무게를 짊어지는 동반자로 만들고, 인간의 존엄성을 공동체적인 영역으로 확장하는 토대가 됩니다.

이러한 연대의 최고 형태는 사랑입니다. 여기서의 사랑은 소유나 초월적 완성을 추구하는 것이 아니라, 타인의 자유를 존중하는 불완전한 만남의 과정이자 현실에 대한 충실성입니다. 예술 역시 이 연대와 반항을 증명하는 순수한 고백입니다. 예술은 세계를 구원하지 못하지만, 무의미한 세상에 질서를 부여하려는 저항이자 인간의 고통을 증언하는 다정한 행위입니다. 예술은 우리에게 현실의 결핍을 인정하고, 그 속에서 인간적인 아름다움을 창조하라고 요구합니다.

궁극적으로 반항하는 인간은 현세적 긍정을 완성하기 위해 타인에게로 나아갑니다. 인간은 다정함 속에서 강함을 드러내고, 사랑을 통해 불완전한 현실 세계와의 조화를 이루며 비로소 자신의 존엄을 완성합니다. 연대는 부조리한 운명에 맞서 함께 희망 없이 살아가기로 결정하는 윤리적 행위이며, 이 행위를 통해 인간은 고독한 시지프에서 벗어나 공동의 긍지를 가진 존재로 거듭나게 됩니다.

102

나는 반항한다,
그러므로 우리는 존재한다

나는 반항한다, 그러므로 우리는 존재한다.

반항하는 인간이란 무엇인가? '아니오'라고 말하는 인간이다. 그러나 그가 거부한다고 해서 포기하는 것은 아니다. 그는 또한 첫 움직임부터 '예'라고 말하는 인간이기도 하다.

이 '예'는 무의미한 세계를 무작정 긍정하는 것이 아니라, 운명의 부조리에도 불구하고 인간의 삶과 존엄은 침해될 수 없는 가치임을 선언하는 것이다.

'아니오'의 의미는 모든 것을 파괴하는 것이 아니라 한계의 발견이다. 주인에게 '아니오'라고 말하는 노예는 동시에 자기 안에 존중받아야 할 어떤 것이 존재한다는 것을 주장한다.

그러므로 반항은 단번에 개인을 넘어선다. 그것은 공유된 권리의 인식이며 공통된 존엄의 인식이다.

103

부조리한 세계 속에서 반항은 곧 연대가 된다

반항이란, 어떤 의미에서는 모든 인간의 공통된 본성을 확신하는 것이다. 왜냐하면 반항하는 사람은 '아니오'라고 말하면서 모두를 대신해 말하는 것이기 때문이다. 그는 자신이 혼자가 아님을 깨닫고, 자신을 위해 지키는 것을 타인을 위해서도 지켜야만 한다. 부조리한 세계 속에서 모든 인간은 '유한한 운명'이라는 공통의 조건을 나누고 있다. 이러한 공통의 운명을 자각할 때, 반항은 고립이 아니라 소통이 된다. 반항한다는 것은 곧 연대를 이루는 것이다.

구원하는 것은 반항이 아니라 조화다. 인간은 세계와의 조화 속에서만 위대해진다. 이 조화는 대지에 대한 충실함과 타인에 대한 연대를 통해 현세적 삶을 긍정하는 데서 비롯된다.

104

진정한 반항은
삶의 긍정이지, 부정이 아니다

    반항하는 사람은 '아니오'라고 말하는 자이지만, 그 거부 속에는 '예'를 포함하고 있다. 모든 반항은 순수함에 대한 그리움이다. 반항은 부조리한 광경에서 생겨난다. 순수함에 대한 그리움은 세상의 무의미함 속에서 인간적 가치와 질서를 스스로 창조하려는 실존적 책임의 표현이다.

    반항은 허무주의가 아니다. 그것은 모든 것을 부정하는 것이 아니라 인간이 살아갈 수 없는 저 너머에 한계가 있음을 인정하는 것이다. 이 한계를 존중할 때, 반항은 타인의 존엄을 포함하는 윤리적 행위가 된다.

    반항은 굴욕을 거부하지만, 또한 어떤 가치를 받아들인다. 따라서 반항은 삶의 긍정이지 부정이 아니다.

105

진정한 연대는
고통을 나누는 윤리적 결정이다

공동의 고통은 말 없는 형제애를 만든다. 고통을 나누는 것이 이해하는 것보다 더 가치가 있다.

세계의 무관심 앞에서 인간의 언어와 추상적인 이성은 종종 공허해진다. 진정한 연대는 거짓된 희망이나 위로 대신, 타인의 고통 앞에서 함께 침묵하고 그 무게를 감당하겠다는 윤리적 결정에서 태어난다. 함께 고통 받는 사람들은 결코 낯선 존재가 아니다.

고통은 벌이 아니라 진리다. 고통을 나눈다는 것은 형제애를 만드는 일이다. 인간은 견뎌내면서 성장한다.

106

정의는 인간 속에 있으며
연대에서 비롯된다

정의는 먼저 법이 아니라 인간 속에 있다. 정의로운 권력은 예외적이다.

부조리한 세계는 인간에게 완벽한 정의의 체계나 절대적인 선을 약속하지 않는다. 따라서 인간은 이상을 추구하며 타인을 희생시키는 폭력적인 혁명을 경계해야 한다.

정의롭다는 것은 타인의 고통을 외면하지 않는 것이다. 이는 자신이 존중받아야 할 한계를 알기에 타인의 존엄을 함께 지키려는 반항적인 연대에서 시작된다.

107

타인의 고통과 억압에 맞서 반항하고 증언하라

하지 않은 말 때문에 죽는 세상은 아무 의미 없이 죽는 세상이다. '하지 않은 말'이란 타인의 고통과 억압에 맞서 반항하고 증언해야 할 윤리적인 목소리를 뜻한다. 세계가 무의미하다는 사실은 이러한 윤리적 침묵을 정당화하지 못한다. 오히려 침묵은 부조리에 굴복하여 타인의 존엄을 외면하는 것이기에 부끄러움이 되며, 세상의 무의미함을 더욱 깊게 만든다. 윤리적인 말은 폭력과 억압에 맞서 존엄을 지키고 연대를 선언하는 최소한의 반항이다.

108

재앙을 함께 견디는 것이
유일한 존엄이다

재앙은 인간의 크기에 맞게 만들어진 것이 아니다. 그래서 사람들은 재앙이 비현실적이며 곧 지나갈 악몽이라고 생각한다. 그러나 항상 꿈이 사라지는 것은 아니다. 때로는 인간이 사라진다. 재앙은 비현실적으로 보이지만 사라지는 것은 인간이다.

재앙이 비현실적이라는 환상에 머무는 것은 부조리에 대한 무책임한 도피이다. 타인의 고통과 재앙의 현실을 명료하게 직시하는 것만이, 개인이 고독에서 벗어나 연대를 결심할 수 있는 유일한 출발점이 된다. 인간의 유한함 앞에서, 함께 견디겠다는 반항적인 연대만이 재앙에 맞서는 유일한 존엄이다.

109

반항이 한계를 잊으면
억압이 되니 폭정을 거부한다

역사는 승리의 행진이 아니라 오류의 연속이다. 이상은 강제하면 감옥이 된다. 가치 있는 역사는 인간 존엄의 역사다.

부조리한 세계에는 절대적인 선이 존재하지 않으므로, 완벽한 이상을 현실에 강요하는 행위는 필연적으로 타인의 자유와 존엄을 희생시키는 폭정을 낳는다. 이상을 위해 현재의 고통을 정당화하는 모든 역사는 결국 억압의 반복일 뿐이다.

역사는 우리에게 가르쳐준다. 반항이 그 한계를 잊으면 곧 억압으로 뒤바뀐다는 것을. 스스로에게 충실한 유일한 반항은 현재의 불의를 거부하는 동시에 미래의 폭정을 거부하는 것이다.

110

현세의 불완전함을 사랑하기, 그것이 유일한 지혜다

현대 세계는 수단은 풍부하지만, 목적은 빈곤하다. 문화를 타락시키는 모든 것은 예속으로 가는 길을 단축시킨다.

기술과 시스템(수단)이 인간의 존엄(목적)을 압도할 때, 삶은 맹목적인 효율성에 복종하며 예속으로 나아간다. 부조리를 인식한 인간에게 가치 있는 것은 초월적 이상이 아니라 지금 여기의 삶에 대한 충실성이다. 유일한 지혜는 미래의 구원에 기대지 않고 현세의 불완전함을 사랑하는 것에서 발견된다.

진정한 성스러움은 삶을 사랑하는 것이다. 유일한 지혜는 사랑하는 것이다.

111

사랑은 소유가 아니라
타인을 자유롭게 하는 것이다

사랑한다는 것은 타인을 자유로운 존재로 인정하는 것이다. 모든 소유는 사랑을 파괴하지만 모든 거리감은 사랑을 고양한다. 사랑은 정복이 아니라 대화다.

부조리한 존재인 인간에게 영원한 소유나 초월적인 결합은 불가능하다. 타인을 완전히 소유하려는 욕망은 곧 상실의 공포에서 비롯되며, 이는 사랑을 파멸시킨다. 따라서 사랑은 타인의 불가해한 자유(거리)를 존중하고, 그 자유 때문에 발생하는 상실의 두려움(불안)을 수용하는 존재론적 결단이다.

사랑한다는 것은 상처받기 쉬워지는 데 동의하는 일이다. 사랑은 열림이지만 또한 불안이기도 하다. 사랑하는 사람은 상실의 두려움 속에서 산다.

112

사랑은 존재함이며, 둘이 함께 무의미에 의미를 부여한다

사랑한다는 것은 소유하는 것이 아니다. 연대는 나눔에서 나온다. 우리는 세계를 함께 짊어진다. 사랑은 존재함이다.

사랑이 소유를 거부하는 것은 부조리한 세계에서 타인을 대상화하는 행위를 거부하기 때문이다. '사랑은 존재함'이란, 고독한 개인이 타인과의 연대를 통해 비로소 충만한 실존에 도달하고, 둘이 함께 무의미한 세계에 의미를 부여하는 창조적 행위임을 뜻한다. 둘이 된다는 것은 세계가 된다는 것이다. 우정은 충실함이다.

113

용기 있는 사랑은
상실의 불안까지 받아들인다

    용기 없는 사랑은 없다. 사랑한다는 것은 상처받기 쉬워지는 데 동의하는 일이다. 사랑은 열림이지만 또한 불안이기도 하다. 단 한 사람만 없어도 온 세상이 비어 있는 것 같다.

    진정한 용기는 타인에게 집착하고 소유하려는 욕망으로부터 스스로 벗어나는 것이다. 사랑한다는 것은 타인을 자유로운 존재로 인정하는 것이며, 이는 곧 상실의 가능성을 수용하고 '부재할 줄 아는 것'을 포함한다. 사랑한다는 것은 옳지 않은 사람에게 옳다고 말해주는 일이다. 이러한 윤리적 명료함과 평등만이 진정한 사랑의 기초가 된다. 사랑은 이 평등에서 나온다.

114

한 명이 아닌 무수한 존재 속에서
나를 잃는 것이 사랑이다

사랑한다는 것은 단 하나의 존재에 자신을 잃는 것이 아니라, 무수한 존재 속에서 자신을 잃는 것이다. 누군가를 사랑한다는 것은, 신이 의도한 그대로 그를 바라보는 것이다.

부조리한 세계를 마주한 인간은 영원성이나 초월적 해답을 포기할 때, 비로소 현세의 무수한 존재들과의 공통된 운명을 인식하게 된다. 자신을 잃는다는 것은 고독한 실존에서 벗어나 타인들과 함께하는 연대 속에서 새로운 가치를 창조하는 것이다.

115

다정함은 재앙 앞에서 인간적인 한계를 지키는 반항이다

다정함은 강한 사람의 비밀스러운 무기다. 다정함과 명료함은 위대함이 없이는 존재하지 않는다.

다정함은 폭력보다 강하다. 명료하게 재앙을 직시하면서도 타인에게 다정함을 잃지 않는 것, 이것이 바로 고통을 분담하고 인간적 한계를 지키는 가장 강력한 반항이다. 두려움에 기반을 둔 존경보다 더 경멸스러운 것은 없다. 진정한 존경은 연대의 다정함 속에서 탄생한다.

116

공동체는 융합이 아니라 고독한 실존을 존중하는 연대이다

나는 오직 타인과의 관계 속에서 나 자신이 된다. 우정이란 공유된 자유를 인정하는 것이다. 공동체는 융합이 아니라 존중이다.

이상(理想)에 대한 맹목적인 추종이 낳는 전체주의적 융합은 개인의 자유와 존엄을 파괴한다. 진정한 연대는 개개인의 차이를 지워버리는 융합이 아니라, 서로의 고독한 실존을 인정한 채 공통의 한계를 공유하는 존중이다.

우정은 함께 나누는 침묵이다. 친구는 평가하지 않고 그저 곁에 머무는 사람이다. 친구를 선택하는 것은 형제를 선택하는 것이다.

117

용서는 과거의 원한에서 스스로를 해방시키는 일이다

　용서한다는 것은 죄를 사하는 것이 아니라 스스로를 해방시키는 일이다. 원한은 과거에 묶여 있는 것이다.

　과거에 대한 원한은 인간을 끊임없는 고통과 복수의 순환 속에 가두어 현재의 충만한 삶을 방해한다. 용서는 타인의 죄를 심판할 권리를 포기하고, 자신의 시간과 에너지를 현재의 삶으로 돌리는 주체적인 실존적 결단이다. 용서는 미래로 가는 길을 연다.

118

예술은 구원하지 않고, 다만 증언할 뿐이다

예술은 세상을 사랑하는 하나의 방식이다. 창작은 설명하는 것이 아니다. 예술가는 답을 주지 않는다. 예술가는 신비를 드러낸다. 예술은 삶에 대한 충실함이며, 창작한다는 것은 두 번 사는 것이다. 작품은 존재의 행위다.

예술은 도피가 아니라 직면이다. 창작한다는 것은 혼돈을 없애는 것이 아니라, 혼돈에 형태를 부여하는 것이다. 예술가가 혼돈에 형태를 부여할 때, 그는 세계의 무의미함을 부정하지 않으면서도 인간적 한계 내에서 질서를 창조하는 반항적 행위를 수행한다.

예술은 구원하지 않는다. 다만 증언할 뿐이다. 창작한다는 것은 고통 앞에서 침묵을 거부하는 일이다. 예술은 신의 침묵에 대한 인간의 호소이자, 초월적 희망을 거부한 채 현세의 고통과 아름다움을 충실히 기록하는 행위이다. 이 기록은 예언자라기보다 고통을 함께하는 동반자의 자세이며, 부조리한 세계 속에서 인간의 존엄을 잃지 않으려는 연대적 증언이 된다.

　예술은 아무것도 해결하지 않는다. 다만 비출 뿐이다. 시는 노래로 부조리에 대해 반항한다. 예술은 기분전환이 아니라 하나의 사명이며, 진정한 예술가는 설교하지 않고 증언한다.

119

비록 삶이 비극일지라도
그것을 사랑해야 한다

    우리는 같은 빛을 나눈다. 바다 앞에서는 모두 평등하다. 사랑은 이 평등에서 나온다. 연대는 존재의 기쁨에서 나온다. 사랑한다는 것은 같은 세상을 나누는 것이다.

    삶의 고통과 비극에도 불구하고, 부조리를 인식한 인간은 거짓된 희망을 거부함으로써 현세의 단순한 진실과 순수한 행복을 획득한다. 이 기쁨은 세계와의 부조리한 대화를 끝없이 지속하겠다는 반항의 선언이며, 연대를 통해 온전히 완성되는 충실한 삶이다.

    알제리 바다는 끝이 없었다. 파도는 끊임없이 밀려왔고, 그 푸르름은 내 가슴을 찢어놓았다. 그 바다 앞에서 나는 알았다. 비록 삶이 비극일지라도 그것을 사랑해야 한다는 것을.

120

결혼은 사람 간의 결속을 넘어 인간과 대지 사이의 결속이다

결혼은 사람 사이의 결속만이 아니다. 그것은 인간과 대지 사이의 결합이기도 하다. 햇빛과 바람 속에서 바다와 바위 위에서 나는 이것을 배웠다.

부조리한 삶의 조건 속에서 대지(자연)는 인간에게 영원한 진리를 약속하지 않지만, 변치 않는 아름다움과 순수한 현존을 제공하는 가장 정직한 증인이다. 인간과 대지의 결합은 초월적 희망을 버리고 지금 여기의 삶에 모든 것을 바치겠다는 반항적인 충실성의 선언이다. 이 충실함이야말로 부조리한 존재가 단순한 행복을 획득하는 유일한 길이다.

121

세상은 아름답고, 세상 밖에서는 어떤 구원도 없다

모든 세대는 세상을 다시 만들 운명이라고 믿는다. 그러나 나의 세대는 그것을 다시 만들 수 없다는 것을 안다.

세상을 근본적으로 변혁시키려는 모든 헛된 시도를 포기할 때, 인간은 비로소 역사의 굴레에서 해방되어 현재의 삶에 모든 것을 쏟아붓는 충만한 자유를 획득한다. 구원이 초월에 있다는 거짓된 희망을 버리는 것, 그것이 곧 세상을 온전히 사랑하는 진정한 지혜이다. 세상은 아름답고, 세상 밖에서는 어떤 구원도 없다.

"인간의 삶은 본질적으로 부조리합니다. 세계는 우리의 질문에 침묵하고, 죽음은 모든 기획을 무너뜨리는 피할 수 없는 한계입니다. 우리는 이 우주의 무관심 앞에서 근원적인 고독에 홀로 남겨집니다.

그러나 바로 이 고독 속에서, 우리는 반항을 결단합니다. 초월적 구원이나 거짓 희망에 의탁하지 않고, 부조리와 고독을 정면으로 마주해 받아들일 때 비로소 실존적 자유가 열립니다.

운명에 굴복하지 않고 '아니오'라고 외치는 이 고독한 반항은, 결국 부조리한 삶 자체를 열정적으로 긍정하는 태도로 이어집니다. 우리는 태양과 바다, 대지를 동반자로 삼아 현재의 삶을 끝까지 밀어 올리고, 이 현세적 충실함 속에서 비로소 타인과 연대하고 사랑하게 됩니다."

★ 메이트북스는 독자의 꿈을 사랑합니다.

살아갈 힘을 주는 쇼펜하우어 아포리즘
쇼펜하우어의 인생 수업
아르투어 쇼펜하우어 지음 | 값 14,900원

행복과 인생의 본질, 인간관계의 본질, 학문과 책의 본질 등 인생 전반에 대한 쇼펜하우어의 직설적인 조언을 담은 인생 지침서다. 쇼펜하우어는 이 책에서 인생은 고통 그 자체지만 이 고통이 살아갈 힘을 준다고, 부는 행복에 큰 영향을 끼치지 않는다고, 남에게 평가받기 위해 인생을 낭비하지 말라고, 불행은 혼자 있을 수 없는 데서 생기기에 인간은 고독해야 한다고 전한다.

살아갈 힘을 주는 니체 아포리즘
니체의 인생 수업
프리드리히 니체 지음 | 값 15,000원

내가 살아가는 목적을 모르겠다면, 현재의 삶이 괴롭고 고통스럽다면 니체의 생생한 목소리를 담은 이 책을 읽자! 채우기보다는 비워내 나 자신을 찾아 삶의 위기를 의연하게 이겨내길 당부하는 니체 특유의 디톡스 철학, 생(生) 철학이 고된 우리의 현실을 이겨내고 다시 살아갈 힘을 준다. 이 책에는 우리가 알아야 할 인생의 모든 지혜가 담겨 있다. 니체의 통찰은 21세기의 독자들에게 더욱 큰 울림을 전한다.

인간에 대한 위대한 통찰
몽테뉴의 수상록
미셸 몽테뉴 지음 | 값 12,000원

가볍지도 과하지도 않은 무게감으로 몽테뉴는 세상사의 다양한 주제들에 대해 본인의 견해를 자신 있고 담담하게 풀어낸다. 이 책을 읽으며 나의 판단이 바른지, 내가 지금 제대로 살고 있는지, 앞으로 어떻게 살아야 하는지 등을 수없이 자문해보자. 원초적인 동시에 삶의 골자가 되는 사유를 함으로써 의식을 환기하고 스스로를 성찰하며 인생의 전반에 대해 배우는 계기가 될 것이다.

교육에 대한 위대한 통찰
루소의 에밀
장 자크 루소 지음 | 값 15,000원

루소는 교육은 가르침이 아니라 도와주는 것이며 강제와 주입이 아닌 해방과 성장을 가능케 하는 환경을 만드는 일임을 밝힌다. "인간은 어떻게 인간이 되어가는가"라는 원초적인 질문을 던지는 『루소의 에밀』을 편역한 이 책은 루소의 사유 리듬과 문체의 온도를 해치지 않으면서도, 오늘의 독자가 끝까지 읽을 수 있는 흐름으로 재구성했다.

흔들릴 때마다 꺼내 읽는 마음의 한 줄
채근담 인생 수업
홍자성 지음 | 값 15,000원

혼란과 과속의 시대를 살아가는 현대인들에게 필요한 것은 마음의 균형을 되찾는 일이다. 이 책은 우리에게 그 조용한 균형을 회복할 수 있는 지혜를 건넨다. 『채근담』을 오늘의 언어로 풀어낸 이 편역서를 통해 어느 페이지를 펼치더라도 '지금 이 순간의 나'에게 필요한 한 문장을 만날 수 있을 것이다.

인간 실존에 대한 위대한 통찰
파스칼의 팡세
블레즈 파스칼 지음 | 값 12,000원

인간 존재의 비참함과 위대함을 동시에 들여다보는 위대한 철학적 고전인 『팡세』가 편역본으로 출간되었다. 단지 종교적 신념이 아니라, 스스로를 직시할 용기와 끝까지 사유할 인내의 가치를 말하는 이 책을 통해 감정적 동요에서 이성의 한계로, 다시 믿음의 고백으로 이어지는 사유의 흐름을 경험할 수 있을 것이다.

자유는 어떻게 지켜지고 어떨 때 제한되는가
존 스튜어트 밀의 자유론
존 스튜어트 밀 지음 | 값 9,900원

'혐오, 검열, 낙인, 여론 재단' 같은 주제는 자유론이 출간된 지 150년이 지난 지금도 놀라울 만큼 생생하게 현실과 맞닿아 있다. 밀은 여론이라는 이름의 보이지 않는 폭력을 경고하며 '다수의 의견'이 언제든 소수의 표현을 억압할 수 있다는 사실을 밝힌다. 이 책은 밀의 『자유론』을 보다 쉽게 이해할 수 있도록 편역한 책이다. 철학 고전의 완독을 위한 안내자로서 이 책을 통해 고전을 단순히 '읽는' 텍스트가 아닌, '사유하고 내면화하는' 경험을 할 수 있을 것이다.

살아갈 힘을 주는 불교의 가르침
부처의 인생 수업
석가모니 지음 | 값 15,500원

불교는 단순한 종교를 넘어 '삶의 방식'으로 재조명되고 있다. 불경 중에서 부처의 목소리를 가장 생생하게 담아냈으며 일반인들이 읽기 좋은 『숫타니파타』와 『법구경』을 편역한 이 책에는 어려운 용어들에 역주를 달고 현대인들을 위한 정보만을 엄선해 보다 실천적으로 받아들일 수 있도록 구성했다. 이 책을 통해 내면의 평화를 찾기 위한 지혜를 얻을 수 있을 것이다.

군중의 심리와 행동에 대한 날카롭고도 위대한 통찰
귀스타브 르 봉의 군중심리
귀스타브 르 봉 지음 | 값 12,000원

똑똑한 개인이라도 집단 속에 들어가면, 군중의 일부가 되면 왜 그리 비이성적이고 충동적으로 변하는 걸까? 사회심리학의 영원한 고전 『귀스타브 르 봉의 군중심리』가 초역본으로 재탄생되었다. 현대에도 이 책은 여전히 인간과 사회에 대한 예리하고 깊은 고찰을 제공하며, '군중'이라는 틀 속에서 사회 구성원의 행태를 이해하는 데 큰 도움을 준다. 인간과 사회에 대한 깊은 성찰을 제공하는 계기가 되어줄 것이다.

스스로를 돕는 것은 언제나 강력한 힘이 된다
새뮤얼 스마일즈의 인생 수업
새뮤얼 스마일즈 지음 | 값 15,000원

누구나 인생에서 마주할 수밖에 없는 역경을 잘 극복해서 성공하고 행복하기를 꿈꾼다. 새뮤얼 스마일즈의 『자조론(Self-Help)』에서 현대인들에게 꼭 필요한 '자조(自助)'의 원칙만을 선별해 담은 이 책은 그 해답을 알려준다. '스스로 돕는다'는 자조의 정신을 보인 대가들이 자기 수양을 하고 인격을 쌓아 역경을 성공적으로 극복한 실제 사례들을 모아 그 방법과 중요성을 설파한다. 자기 자신을 잘 돌보고 목표를 성취하기 위한 동기부여가 필요하다면 이 책이 도움이 될 것이다.

자기를 온전히 믿고 살아가라
에머슨의 자기 신뢰
랠프 월도 에머슨 지음 | 값 12,000원

이 책은 인간이 자기 신뢰를 기초로 행동함으로써 더 나은 성취를 이룰 수 있다는 깊은 통찰이 담긴 에세이다. 에머슨은 '자신을 믿는 사람은 세계에서 가장 강한 사람'이라고 말한다. 자기 신뢰를 실천하면 내 안에 잠들어 있던 놀라운 힘을 발견하게 된다는 것이다. 이 책을 읽는 독자는 자신을 믿고 자신의 능력에 자부심을 가짐으로써 더 큰 성공을 얻고 만족스러운 삶을 살아갈 수 있을 것이다.

자신과 마주하고 지혜롭게 살아가기
아우렐리우스의 명상록
마르쿠스 아우렐리우스 지음 | 값 11,000원

마르쿠스 아우렐리우스는 로마제국을 20년 넘게 다스렸던 16대 황제다. 그는 로마에 있을 때나 게르만족을 치기 위해 진영에 나가 있을 때 스스로를 반성하고 성찰하는 내용을 그리스어로 꾸준히 기록했다. 그 결과물이 바로 『명상록』이다. 마음가짐을 어떻게 가져야 하는지, 삶과 죽음에 대한 바람직한 태도는 무엇인지, 변하지 않는 세상의 본질은 무엇인지 등을 들려주고 있어 곱씹고 음미하면서 책장을 넘기게 될 것이다.

살아갈 힘을 주는 세네카 아포리즘
세네카의 인생 수업
루키우스 안나이우스 세네카 지음 | 값 14,500원

세네카가 남긴 12편의 에세이 중 대중들에게 가장 널리 알려진 6편의 에세이를 한 권으로 엮어 펴낸 책이다. 편역서의 특성상 현대의 독자들이 이해하기 힘들거나 시대적·역사적·문화적으로 거리가 먼 내용들은 과감히 삭제하고, 현대인들이 실질적으로 자신들의 삶에 적용할 수 있을 만한 핵심 내용만을 추려 간결하고 압축된 형식으로 소개한다.

인간의 행복은 어디에서 오는가
아리스토텔레스의 인생 수업
아리스토텔레스 지음 | 값 15,000원

당신은 행복한가? 어떤 삶이 행복한 삶일까? 이 책은 행복은 무엇이며, 어디에서 비롯되는지를 정리한 아리스토텔레스의 『니코마코스 윤리학』을 재편역한 것으로, 현시대 독자들이 쉽게 접근할 수 있는 내용을 엄선해 담았다. 다소 난해하고 관념적인 내용과 현시대와 맞지 않은 내용들은 덜어내고 정리했다. 지금 삶의 목적과 방향을 모르겠다면, 진정으로 행복하게 살고 싶다면 읽어야 할 책이다.

무엇을 위해 살고, 무엇을 사랑할 것인가?
위대한 철학자들의 죽음 수업
몽테뉴 외 지음 | 값 15,000원

이 책은 위대한 철학자 5인의 '죽음에 대한 생각'을 한 권의 책으로 묶어낸 고전 편역서다. 고대에서부터 현대까지 수많은 철학자들이 답을 찾고자 매달려온 철학적 주제이자, 영원히 풀리지 않을 숙제인 '죽음'에 대한 남다른 고찰이 엿보인다. 책을 관통하는 메시지는 '죽음에 대한 이해를 통해 삶을 더욱 온전히 이해할 수 있다'는 것이다. 철학자들의 인간 본질에 대한 통찰과 지혜가 담긴 죽음 수업은 죽음을 이해하고 현명한 삶을 살게 하는 열쇠가 되어줄 것이다.

인생을 어떻게 살아야 할 것인가
에픽테토스의 인생을 바라보는 지혜
에픽테토스 지음 | 값 12,000원

내면의 자유를 추구했던 에픽테토스의 철학과 통찰을 담았다. 현실에 적용 가능한 구체적이고 실천적인 에픽테토스의 철학을 내면에 습득해 필요한 상황이 올 때마다 반사작용처럼 적용할 수 있다면, 그 어떤 역경과 어려움 앞에서도 굴하지 않고 꿋꿋하게 살아남아 최후의 승리자가 될 수 있을 것이다. 현실에 좌절하고 힘들어하는 모든 현대인들에게 에픽테토스의 철학이 담긴 이 책을 권한다.

■ 독자 여러분의 소중한 원고를 기다립니다

메이트북스는 독자 여러분의 소중한 원고를 기다리고 있습니다. 집필을 끝냈거나 집필중인 원고가 있으신 분은 khg0109@hanmail.net으로 원고의 간단한 기획의도와 개요, 연락처 등과 함께 보내주시면 최대한 빨리 검토한 후에 연락드리겠습니다. 머뭇거리지 마시고 언제라도 메이트북스의 문을 두드리시면 반갑게 맞이하겠습니다.

■ 메이트북스 SNS는 보물창고입니다

메이트북스 홈페이지 matebooks.co.kr

홈페이지에 회원가입을 하시면 신속한 도서정보 및
출간도서에는 없는 미공개 원고를 보실 수 있습니다.

메이트북스 유튜브 bit.ly/2qXrcUb

활발하게 업로드되는 저자의 인터뷰, 책 소개 동영상을 통해 책에서는 접할 수 없었던 입체적인 정보들을 경험하실 수 있습니다.

메이트북스 블로그 blog.naver.com/1n1media

1분 전문가 칼럼, 화제의 책, 화제의 동영상 등 독자 여러분을 위해 다양한 콘텐츠를 매일 올리고 있습니다.

STEP 1. 네이버 검색창 옆의 카메라 모양 아이콘을 누르세요.   STEP 2. 스마트렌즈를 통해 각 QR코드를 스캔하시면 됩니다.
STEP 3. 팝업창을 누르시면 메이트북스의 SNS가 나옵니다.